名师名校名校长

凝聚名师共识
回应名师关怀
打造名师品牌
培育名师群体

程红兵遗墨

情境作业，别样成长

吴夏梅　肖倩雯　主编

黄铭钊　副主编

吉林教育出版社

·长春·

图书在版编目（CIP）数据

情境作业，别样成长 / 吴夏梅，肖倩雯主编. — 长春：吉林教育出版社，2023.12

ISBN 978-7-5734-2618-5

Ⅰ. ①情… Ⅱ. ①吴… ②肖… Ⅲ. ①语文教学—教学研究 Ⅳ. ①H19

中国国家版本馆CIP数据核字（2023）第246474号

情境作业，别样成长　　　　　　　　　　　　　　吴夏梅　肖倩雯　主编

选题策划　张待纳

责任编辑　滕晓敏　　　　　　　　　　　　　　　**装帧设计**　言之凿

出版　吉林教育出版社（长春市同志街1991号　　邮编　130021）

发行　吉林教育出版社

印刷　北京政采印刷服务有限公司

开本　787毫米×1092毫米　1/16　**印张**　16.75　　**字数**　177千字

版次　2023年12月第1版　　**印次**　2023年12月第1次印刷

书号　ISBN 978-7-5734-2618-5

定价　58.00元

目录

上 篇　理论研究

下 篇　教学实践

上 篇

理论研究

小学语文情境作业设计探究

韶关市曲江区实验小学　陈铃

作业，不仅是课程不可或缺的一部分，而且还能反映出课程的理念和课程的价值，它是课程教学的延伸，同时也是学生自我建构、自我发展和自我提高的重要途径。当下小学语文作业设计往往存在功能单一、类型单一、机械重复性作业过多的问题，导致学生望题生厌，提不起兴趣，致使作业发挥不了它应有的功能。面对此种情况，我试图通过情境作业的设计，将课堂教学目标、学生学习能力与作业难度水平进行整合，优化作业结构，帮助学生获取知识和能力，提醒教师及时提供指导并调整教学。

一、情境作业的内涵与意义

情境是语言运用的环境、场合和目的，对于语文学习而言是至关重要的。情境化的作业，就是要把识字与写字、阅读与鉴赏、表达与交流、梳理与探究等作业置于适应它的各种情境之中。

为什么要让作业尽可能地情境化？《义务教育语文课程标准（2022年版）》指出，要增强课程实施的情境性和实践性，要从学生语文生活实际出发，创设丰富多样的学习情境，设计富有挑战性的学习任务，激发学生的好奇心、想象力、求知欲。也就是说学习要与实际生活紧密相连，情境化就意味着作业不再是单纯的知识记忆、单一的技能训练，而是指向语文的实际运用，服务于解决现实生活中的真实问题。

设计情境化的作业，主要目的是让学生在学校的学习和真实的生活之间建立联系，增强在各种场合学语文、用语文的意识。总之，作业设计应指向实际运用，指向个人阅读、学习、生活、交往等方方面面。只有"真实发生"，才能激发学生的兴趣，发挥作业应有的功能，促进学生的素养发展。

二、情境作业设计的流程

目前情境作业的设计主要有两大类：一类是单篇情境作业设计，一类是大单元整体作业设计。无论是单篇设计，还是大单元整体设计，其目的都是发展学生的核心素养。

情境作业设计的基本流程：

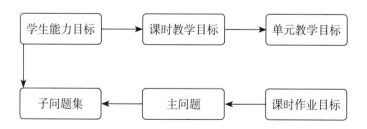

学生能力目标 → 课时教学目标 → 单元教学目标

子问题集 ← 主问题 ← 课时作业目标

（一）聚焦单元教学目标，明确能力目标

统编教材以"双线"组合的方式编排内容，整组单元有其特定的教学目标，因此要设计情境作业，就必须聚焦教学目标，从教学目标出发，实现核心素养落地。

如统编版语文六年级下册第一单元，此单元以"民风民俗"为主题，语文阅读训练要素是"分清内容的主次，体会作者是如何详写主要部分的"；习作训练要素是"注意抓住重点，写出特点"。具体的单元目标如下表示。

本单元语文要素	单元目标
分清内容的主次，体会作者是如何详写主要部分的；注意抓住重点，写出特点	1.自主学习本单元课文中出现的36个生字和38个词语，重点关注"腻""搅"等汉字的书写特点。
	2.了解文中的民风民俗，分清课文中详写与略写的部分，体会作者表达的情感。
	3.通过对重点部分的学习，感受作者突出主要内容的描写方法。
	4.运用学到的方法，介绍家乡的节日风俗。

基于总体目标，明确在本单元中，学生需要掌握基础目标（即生字、词的书写和理解），还要做到"分清内容的主次，知道作者是如何详写"的技能训练目标，以及表达训练目标"学会运用学到的方法，介绍家乡的节日风俗"。其实，除了这几个目标以外，还有人文主题"百里不同风格，千里不同俗"中需要引导学生深刻感受我国传统节日，联系自身，能够继承和发扬传统的目标。作业就是课堂的延伸，因为作业目标与单元目标是一致的。

（二）把握课时作业目标，设计驱动性问题

单元总体目标的完成必须依托每课时的目标，也就是每课时目标的层层递进达成了单元的总目标，因此要把握每课时的作业目标，创设情境，设计驱动性问题，完成情境作业设计，提升学生素养。

1. 确立课时作业目标

根据单元总目标和能力目标，确立若干个课时的作业目标。这里的作业目标要精准对应学生能力目标所要求掌握的知识和技能。

根据总体目标设立的六下第一单元课时作业目标如下表所示。

人文主题和语文要素	课文	课时作业目标	素养落实
人文主题：百里不同风，千里不同俗 语文要素：分清内容的主次，体会作者是如何详写主要部分的；注意抓住重点，写出特点	《北京的春节》	1.感受北京春节的特色，了解当地的风俗 2.关注详写与略写，并体会作者的写作意图以及写作方法。	分清主次，体会详略得当的好处
	《腊八粥》	把握课文内容，分清详略并体会详略安排的表达效果	体会详略得当的写法，感受细腻的表达方法
	《古诗三首》	根据注释和自己已有知识，理解古诗的意思；了解不同风俗的特点	拓宽民风民俗的知识面，感受不同风俗的特点
	《藏戏》	了解藏戏的主要特色，领悟表达方法	进一步落实语文要素，并拓宽民风民俗的知识面
	习作、语文园地	介绍一种节日风俗，根据表达的需要，把重点内容写详细	综合运用所学，感受不同的风俗，并传承内化与弘扬

2. 锁定目标，创设情境

课文学习的核心知识就是"语文要素"，抓准这一核心知识，才能有的放矢地创设情境，引导学生在多样的日常生活场景和社会实践活动中学习语言文字运用。

（1）单篇课文的情境作业创设。除了大单元的情境创设，单篇课文的情境作业创设也是很多一线教师在使用的。不管是哪种情境，只要是建立语文学习、社会生活和学生经验之间的关联，符合学生认知水平的情境，都是好的情境。如我在教学《北京的春节》一课时，要完成"分清主次，体会详略"这一作业目标，课堂上创设一个情境作业：向大家介绍北京在过春节过程中最精彩、突出的风俗。让学生在介绍的过程体会将最精彩、最具代表性的习俗作为重点来写。

（2）大单元情境作业设计。它是综合整个单元而设计的，过去的作业是"部分+部分=整体"的知识组织形式，大单元的情境作业则是"整体-部分=整体"的知识建构方式，它能改变传统作业形式单一、机械作业繁多的现象，整个作业设计以核心素养为导向，进行大单元作业的结构化设计。例如，六下第一单元，四篇课文从不同的角度介绍了各具特色的民风民俗，反映了中华民俗文化的丰厚博大，课文内容指向对地方民风民俗、传统美食的传承和弘扬，旨在促进学生感悟春节民俗，发现民俗之美，激发学生对民俗文化的热爱之情，因此可以创设大单元的情境——"民风民俗我推广"，以这个情境为线索，设计整个单元的情境作业。让学生读《北京的春节》一文，由北京春节的风俗到联系自身感悟家乡的春节习俗；

读《腊八粥》一文，由当地的传统美食到搜索身边的传统美食；读《古诗三首》，去感受不同节日的不同习俗，再拓展其他节日，做到对传统文化的继承；最后写《家乡的习俗》，真正落实对民风民俗的传承和发扬。整个大情境的创设，全都以学生为主体，让学生与课文紧密联系在一起，激发了学生的兴趣。

3. 依据情境，创设主问题

真实情境与语文要素紧密相连，为了让学生能力目标落到实处，就要设计最能体现文本学习的主问题。

如《北京的春节》一文，语言浅显易懂，"京味儿十足"，且与学生生活非常接近，为了能够让学生学习"分清主次，体会详略"的作业目标，设计"我来说北京春节的最特别的习俗"这一主问题，再由主问题设计子问题，如"我来说我家乡春节的习俗与特别的习俗"，"各地不同的春节风俗"等。由文本到自身，在真实的情境中实现核心素养目标。

三、情境作业设计的注意事项

（一）紧扣语文要素，融合学习任务

小学语文统编教材以"双线"编写，结合单元人文主题和教材选文设定了学习任务，教师在设计情境作业时要牢记以双线为本，无论是基础作业还是阅读作业等，都要依"本"而行，不脱离主线。

（二）情境真实，贴合学习需求

我在浏览众多的情境作业时，发现有的大单元情境作业为创设情境而创设，在情境下又设计非常多的子问题，让人眼花缭乱，学

生一套作业做下来已经精疲力竭。因此，情境作业的设计要贴合学生学习的需求，无需太繁杂，能扎扎实实提高学生能力即可。

（三）关注学生差异，实现弹性发展

每个学生的学习能力不同，情境的创设要照顾到全部同学，作业要设计不同层级的子问题，让所有学生能根据自身实际有所提高。

（四）伴随学习评价，形成自我监控

《义务教育语文课程标准（2022年版）》指出，作业评价是过程性评价的重要组成部分，教师要针对学生的素养水平和个性特点提出意见，及时反馈和讲评。在情境作业设计后，教师还要对学生作业情况进行批改、反馈，可以设计学生自评表，如"我在完成的过程中感到……"自评打星，还可以设计"我在完成过程中对这一道题产生了疑惑"等评价反馈体系，让学生能够自行思考，提升语文能力。

"双减"之下小学语文低年段口语交际情境作业设计探究

乳源瑶族自治县第一小学 侯司棋

以前，语文作业的功能常常被狭隘地定义为巩固知识与提高技能的载体，在应试教育的束缚之下，枯燥无味、单一乏味的语文作业严重抑制了学生身心健康以及创造力的发展。随着"双减"政策的落地，既要减少学生的校外补课、减轻学生的校内作业，又要保证教学质量，提升学生的综合素养。作为老师，责任任重道远，我们只有转变教育理念、创新教育形式、探求行之有效的教学方法，创设情境，设计丰富多样的作业形式。这样不仅可以激发学生学习的积极性和主动性，还能培养学生的创造思维和探索能力，在小学阶段就奠定良好的语文素养基础。那么，如何在口语交际课堂教学实践中，努力提高课堂教学效率，创设情境，让学生在情景作业中达成教学目标，从而真正达到减负增效的目的呢？

一、"双减"政策对小学语文作业的影响

"双减"政策出台的目的就是"两个减轻"，一是减轻学生的作业负担；二是减轻学生的课外培训负担。但对于大部分学生来说，涉及最广泛的还是作业负担。"双减"政策并非是减少，减轻作业负担并非等同于减少作业，而是要求提高作业质量，提升教学效果，换言之，就是要优化作业，使作业发挥其该有的作用。因此，小学语文学科的作业设计需要寻求创新与变革。

首先，作业需要具备实践性。教育跟随着时代的脚步日益进步着，社会需要实践型人才，必须以实践性为目标。"双减"背景下，实践作业已纳入到日常作业的设计与运用之中。实践作业的提出，进一步促使每位学生深度学习，使他们真正成为学习活动的策划者、组织者和参与者。"双减"政策改变的不仅是教师的观念，更是课堂的定义，为学生带来高品质的学习和高质量的发展。学生在课堂上获取的知识和开展的学习活动是有限的，但为了弥补课堂实践性的不足，实践性作业便成为了课堂的有效补充，引导学生在实践中更加灵活地掌握知识。语文是语言类的学科，尤为注重实践性，小学语文的作业必须具备一定的实践性，用以满足学科教学以及学生的能力成长。

其次，作业需要具备应用性。语文教学的主要目标是表达与应用，学生掌握了丰富的语文知识，既能提升自身的文学修养，又能在实际生活中有效应用。课堂作为教与学的主要核心场所，充斥着大量的知识，缺乏时间和空间供学生应用，所以我们便可以在作业

设计中体现应用性，加强学生的语言应用能力。

最后，作业需要具备创新性。教育教学的核心之一是创新，新时代主张培养创新型人才，创新能力的培养来源于各种各样的体验和实践，因此，在进行小学语文作业设计时，应当注重体现创新性，如此一来，学生便能在"双减政策"的教育背景下更好地获得知识与技能的提升，实现高质量的高效学习。

二、"双减"政策背景下小学语文低年段口语交际情境作业设计意义

语文情境作业的顺利融入，给学生的多个感官带来了一定的冲激，教师要注意从作业的打开方式、操作形式、评价标准等方面进行新的探索，使得学生顺利进入情境作业的训练中，通过诵读、讲述、演绎、游戏、调查等形式，教师从不同的角度进行作业布置，体现出崭新的教学理念，符合新课标，具有更丰富的教学促进动力。

口语交际是小学语文教学的重要内容，提高交际能力是"口语交际"的重要任务。然而在实际的教学中，学生交际能力的提高却不尽如人意，所以"口语交际"成了语文教学的难点之一。新课标就"表达"方面提出的学习目标为："学生能大胆提出生活和学习中遇到的问题，通过阅读、观察、请教、讨论等方式，积极思考、探究，乐于分享自己解决问题的办法，说出一两个理由。"同时表示："教学活动要在具体的交际情境中进行，在课内外创设多种多样的交际情境，让每个学生无拘无束地进行口语交际"，所以

说，口语交际训练一定要重视情境创设。也可以说，没有具体的情境，学生就不可能承担有实际意义的交际任务，也不可能有双向互动的实践过程。教师只有创设多样的口语交际情境，课堂才会生动有趣；布置相应的情境作业，学生也才会敢讲会讲，说出心里话；才能通过师与生，生与生面对面的各种交际活动，丰富口语交际知识，掌握口语交际的方法技巧，从而提高听、说和交往的能力。

三、"双减"政策背景下小学语文低年段口语交际情境作业设计方法

语文课堂的重要延伸领域之一便是作业，是对课堂的有效补充。而口语交际情境作业不同于一般的书面作业，它主要通过在相应的情境中，通过朗读、背诵、演绎等口头表达的形式来呈现，甚至会在情感到位时产生对应的肢体动作，以此来支撑此次作业的完成。对于小学低年段的孩子来说，书面表达能力尚未有效形成，口语交际情境作业的设计将更加契合这个年龄段孩子的认知水平和能力，也符合"双减"政策的需求，基于"双减"政策的内涵，依据学情，有效开展口语交际情境作业的设计，促进课堂延伸，提升学生的表达与交流能力。

（一）作业设计趣味化，引导学生乐开口

兴趣是最好的老师，也是最强的动力。课堂学习需要兴趣的驱使，同样，作业的完成也需要兴趣。因为有兴趣，学生就会自主完成作业探索，释放发散性思维和创新性的想象力，体验到学习的乐趣。小学低年段的学生年龄特点致使他们会更倾向于趣味化的

作业，口语交际情境作业本身就是一个灵活性的行为，若有兴趣的支撑，作业效果便能更加高质。因此，在进行口语交际情境作业设计时，要融入趣味性，以兴趣驱使学生乐于开口，真正实现主动参与，积极完成作业目标。

以统编版语文一年级下册《四个太阳》为例，本文作者凭借着丰富的想象力和独特的创造力，在四个不同的季节里画出四个不同的太阳，表达作者善良的心地和美好的心愿，课文有景，有境，有情。写法上采用并列的形式，读来琅琅上口，其间运用形象的拟人化的手法，气韵生动，充满儿童情趣。通常在学习完该课文后，老师会布置枯燥的朗读与背诵作业，这样的形式枯燥乏味，毫无趣味性，学生不愿开口诵读。这时，教师可以转变作业形式，设置相应的情境，融入趣味因素，使得学生乐于开口，愿意表达，可以设计如下作业：

小画家们，你想画一个怎样的太阳送给哪个你喜欢的季节？请你想一想，画一画，并说说为什么？

这样的作业形式，旨在让学生以画家的身份，积极感受画画带来的乐趣，品味文字的韵味，想象出更加丰富的画面，画出心目中的太阳，表达内心美好的愿望。趣味性会激起孩子的求知欲和探索欲，学生不仅更愿意品读课文，还能在朗读后开拓思维，发挥自己的想象去理解课文，在趣味性的推动下，乐于开口表达，展现自己的思想和认知，夯实口语交际能力基础。

（二）作业设计生活化，引导学生勤观察

语言发源于生活，不管是语言文学还是思想文化都离不开生活的洗涤和熏陶。语言的应用地也是生活，在日常生活中人们体验着各式各样的语言运用，收获不同的情感，因此，语言和生活互相影响着，生活会促使口语交际。口语交际情境作业具有生活化，能让学生在生活中体验语言，感受表达的魅力，因此在设计作业时，要设计生活情境，以此激发学生的表达动力，使他们在作业中体验生活，在体验中提升，最终勤于表达，乐于表达，爱上表达，打下良好的语言基础。

以统编版小学语文一年级上册《口语交际：用多大的声音》为例，这是本册教材的第三次口语交际，在"说"的要求上有了进一步的提升。教材以问题的形式引发学生思考，到底什么时候该大声说话，什么时候该小声说话。通过3个具有代表性的场景图，引导学生具体感知所处的场合不同，说话的音量要不同。小贴士的交际提示，明确提出说话的音量要依场合而定。传统的作业形式可能为判断场景该用多大声音为主，引导学生学会判断音量。但教师可以融入生活情境地布置作业，让学生在学习时更加感受到亲近，学会在生活中表达。比如，可以将本次作业设计为：

作为小小观察员，请你观察周围人说话，想一想他们的声音合适吗？说一说为什么？试着把自己融入情境中，该用多大的音量说话呢？

这样的口语交际情境作业，在潜移默化中牵引着学生更加注重文中的语言交流过程，主要是为了引导他们将书本知识与生活联系在一起，在生活中寻找类似的场景或相似的语言，在生活情境的表达中融入自己的思考。

（三）作业设计层次化，让学生都能交流

口语交际与书面表达不同，口语交际能力具有直接性和独特性，每个人的表达方式和表达思路都不一样，是个人独特思维的体现，同时也不像书面语言可以经过修改加以修饰，因此，口语交际能力更具个性化，所以我们该赋予孩子自由表达的权利。每位学生所拥有的口语交际能力都不一样，有的人天赋异禀，能够顺畅地表达，而有的学生则欠缺天赋，在表达的时候无从开口，逻辑不清，这就是学生之间存在的差异性。假如在教学的时候教师一刀切，将口语交际情境作业设置成相等水平，无疑无法满足所有学生的需求，有些违背因材施教的教育原则。所以，教师在设计口语交际情境作业时，可根据不同的学生层次布置不同的作业，如此一来，学生可以在完成契合自己表达水平的作业中有所收获，有所提升，使得学生乐于交流，勤于表达。

以统编版小学语文二年级下册《口语交际：长大以后做什么》为例，这次口语交际以"理想"作为话题，交际内容围绕"你长大以后想做什么？为什么？"这一内容，引导学生说出自己的愿望，并了解小组其他同学的愿望。在交际的过程中，要引导学生清楚地表达自己的想法，并能简单地说明理由；同时引导学生在询问别的同学时，可以对感兴趣的内容多问一问。

在布置口语交际情境作业时，教师往往容易一刀切地将作业布置为"说一说自己的理想是什么？为什么？在询问别人时，针对感兴趣的内容多问几句？"对于表达能力较弱的孩子来说，他能说出自己的理想以及为什么就已经很不容易了，再增加倾听他人的理想

后针对感兴趣的内容多问几句，无疑是增加了负担。因此该次作业设计可大致分为如下几个层次：

第一层，说说自己的理想是什么？为什么？

第二层，说书自己的理想是什么？为什么？了解小组其他同学的理想，针对自己感兴趣内容多问几句？

第三层，说书自己的理想是什么？为什么？了解小组其他同学的理想，针对自己感兴趣内容多问几句？并试着写一写。

这样分层的作业设计，让表达能力比较弱的学生也能根据本次交际的内容，表达出自己的内心想法；对于能力中等的学生，能够了解到他人的想法，进行拓展；对于能力强的学生，还能够训练到"写"的能力，既锻炼了口头表达，又训练了书面表达。通过作业分层设计的形式，学生能够有能力而为之，也能有所提升，这是分层作业最大的优点，也符合"双减"政策的要求，既考虑了学生对于作业的需求，又能更加契合学生的实际水平。

总而言之，在"双减"政策背景下发展学生多方面的语言运用能力是语文教学的核心，口语交际能力是小学语文教育的核心内容，教师作为引领着，要利用正确的作业设计理念和新颖的作业设计方式，设计符合小学低年段学生的口语交际情境作业，并且注重学生良好语言环境的塑造，激发学生完成口语交际类作业的积极性和主动性，提高作业质量，克服口语交际难题，夯实语言表达基础。

参考文献

[1] 魏红霞.浅析"双减"背景下有效设计语文口语交际作业的途径[J].维普期刊（专业版），2022（16）.

[2] 黄文琳.小学低段语文口头作业设计的实践研究[J].科教导刊，2020（8）.

[3] 郭丹.小学语文口语交际如何创设情景[J].读写算（教研版），2014（12）.

情境作业设计为低年级
语文学习助力增效

韶关市武江区沐溪小学　林丽梅

《义务教育语文课程标准（2022年版）》中指出，"义务教育语文课程围绕立德树人根本任务，充分发挥其独特的育人功能和奠基作用，以促进学生核心素养发展为目的，以识字与写字、阅读与鉴赏、表达与交流、梳理与探究等语文实践活动为主线，综合构建素养型课程目标体系""义务教育语文课程培养的核心素养是学生在积极的语文实践活动中积累、建构并在真实的语言运用情境中表现出来，是文化自信和语言运用、思维能力、审美创造的综合体现"。

语文作业正是语文实践活动的重要内容之一，也是教师检验学生学习效果的一种重要手段。但经我调查，"双减"落地实施后，低年级学生大多只有枯燥无味、机械烦琐的语文作业，很多老师也将思维固定在了传统的单一的机械的抄抄写写上面，甚至是题海练习，以达到学生学习成绩的提高，学生的厌倦情绪及应付式的学习态度在无形中日渐增加。这都与语文课程标准和"双减"政策是相悖的。

那如何在低年级语文作业中，真正体现语文课程标准的核心理念又不违反"双减"政策的规定，让学生更好地提升思想文化修养，建立文化自信，从而达到德智体美劳全面发展，我认为设计情境作业，以多元、丰富、趣味的形式呈现作业内容，就能助力低年级学生学习语文，提升学习效率。

一、创设情境，重趣味

兴趣是最好的老师，任何时候，少了兴趣，一切皆是空谈。低年级语文的课文内容大多通俗易懂、趣味横生又不失文质美感，无论是写景抑或是抒情，诗歌，语言表达上、课程编排上都非常符合学生的年龄特点。

一年级语文下册第二单元围绕"心愿"这一主题编排了两大板块，包括了4篇课文以及语文园地二的学习。结合本单元的编排主题，我创设丰富有趣的、具有层次性的项目式作业设计。课程教学结合课程标准理念和单元整体目标，设计了"字词积累""闯关运用""朗读比赛""心愿贴贴贴"四个作业任务群激发学生的学习兴趣。以听说读写为渐进性原则，多种形式激发鼓励学生参与并完成。爱玩是孩子的天性，低年级的学生喜欢写写画画，学中玩，玩中学，抓住这一特点设计了"心愿贴贴贴"，由说到写，到班级展示，让学生更有成就感，形式丰富的作业任务群增添了学生学习的乐趣。

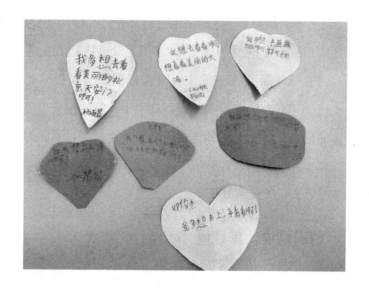

二、创设情境，重表达

"写自己想说的话"这是《义务教育语文课程标准（2022年版）》对低年段（1-2年级）的表达与交流提出的总目标。"我手写我心"，这一直是一线语文教师们对培养学生写话、习作的初心和培养目标。低年级学生表达能力有限，在设计教学的时候以循序渐进为原则，听说读写贯穿教学，由易到难，将学生的口头表达和写话的过渡衔接好，达到"我手写我心"。

《我多想去看看》课后有一道这样的习题：以"我多想……"开头，写下自己的愿望，再和同学交流。这是在本册书中编者对学生提出的第一次写话的要求，旨在激发学生的表达欲望，最后让学生想写、愿写、乐写、能写。在《我多想去看看》的教学过程中，我通过教师示范读、学生带读的方式激起学生愿意读的兴趣，从而引导学生表达想法，畅谈想法。课堂上以加分制积极鼓励学生多说为主，重点以"我多想……"为开头，要求表达清楚即可，降低要求，避免学生产生畏难情绪。课堂上学生不受禁锢自信地进行表达。趁热打铁，课后我安排了学生把自己在课堂上表达的想法以"我多想……"为开头用笔写下来。

《四个太阳》课后习题第一题：朗读课文。说说你会为每个季节画什么颜色的太阳，试着画一画，并说明理由。朗读课文是完成这一道题的前提，本课教学重点是传授学生能从中找出明显的信息，感受"我"的美好愿望。在解决这一问题的过程中，我通过指导学生朗读去感知课文，并结合文中信息，让学生找出"我"分别画了四个什么样的太阳？在太阳光的照射下，"我"分别看到了怎样美好的情景？引导学生从文中找出明显的信息，引导学生进行个性化朗读，从读中感悟，再引导学生说说为什么会有"画绿绿的（金黄的、红红的、彩色的）太阳"这个心愿，引导学生说出，送给春夏秋冬的颜色还可以有哪些？以此拓展学生的想象，丰富学生的语言表达。读中感悟、由说到写，循序渐进，让学生一步一步打开思维，打开言语表达的大门，从而达到"我手写我心"。趁热打铁，我根据教学任务和课后习题设计了作业。

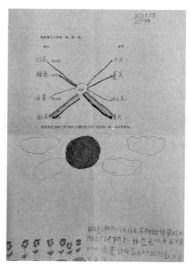

三、创设情境，重积累

语言运用作为语文课程核心素养内涵之一，起着重要的奠基石作用。学生的思维能力、审美创造、文化自信都以语言运用为基础，并在学生个体语言经验发展过程中得以实现。它要求学生在丰富的语言实践中，通过主动的积累、梳理和整合，初步拥有良好的语感；拥有正确、规范运用语言文字的意识和能力。

积土成山，风雨兴焉，积水成渊，蛟龙生焉。"基础型学习任务群"提出教学提示：激发学生识字、写字、诵读、积累、探究的兴趣。语文学习过程学会积累是学生的基本技能，一年级是语言文字建构的关键期，积累字词句是关键，有了一定的词汇量才能更好地扫清阅读障碍，从而进一步提升自身的阅读能力，提升对课文文本的理解。

在一年级下册第二单元的课程编排中，每篇课文包括《语文园地二》的学习，都安排了"读一读，记一记"的学习任务，整合整个单元的这一任务要求，我设计了"比一比，看谁积累的生字多"这一作业。

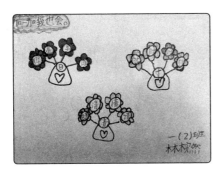

四、创设情境，重拓展

语文新课标对语文学习的积累和阅读都提出了新的要求。注重积累，注重诵读表现自然之美的短小诗文，感受大自然的美景与变化。在日常教学过程中要注重引导学生阅读图画书，体会童真童趣，感受多姿多彩的生活，教师要创设相关情境，拓展学生的课外阅读，激发阅读兴趣，提升阅读能力。学习完《语文园地二》后我布置了"比比谁最多——我在其他课本上认识了许多汉字，我想分享给你们"的课后作业，学生随手就拿出自己书包里的其他学科书籍认真地查找学习，培养了学生意识到识字不仅仅是语文学科的事，其他学科书籍中也能学习积累到，培养了学生自主学习和积累的能力。

（1）跨学科识字积累大比拼。拓展型学习任务群中对跨学科学习提出要求：在语文实践活动中，联结课堂内外、学校内外，拓宽语文学习的运用领域。

（2）亲子阅读营造氛围。父母是孩子的第一任老师，激发学生的学习兴趣，父母的参与必不可缺。教学《我多想去看看》这一课时，我注重在课堂上训练学生对于感叹句的朗读，在读中悟情。通过指导朗读，设计了和父母一起朗读课文的任务，发到班级群，供大家进行借鉴学习，当晚班群中就不断刷屏。在朗读活动中，抓住学生喜欢受表扬的特点，利用班级群鼓励亲子阅读，同时在班级中开展读书比赛。

（3）推荐阅读拓展延伸。课堂的教学是为了课后的延伸，利用课堂所学扩大课外阅读，提升阅读量，丰富语文素养。学习完《我多想去看看》后，我推荐阅读《我爱门前的小池塘》。

情境式语文作业设计，激发了学生浓厚的学习兴趣，让学生在拓展、实践中，丰富了情感体验，感受到了语文学习的乐趣，培养了动手、动脑、协作的能力，让学生的语文作业不再单调、枯燥，为低年级语文学习助力增效。

参考文献

［1］中华人民共和国教育部.义务教育语文课程标准（2022年版）［S］.北京：北京师范大学出版社，2022.

［2］人民教育出版社课程教材研究所，小学语文课程教材研究发展中心.义务教育教科书教师教学用书（语文一年级下册）［M］.北京：人民教育出版社，2017.

［3］黄亚芳.创设情境让语文作业更加有效［J］.成才新观察（才·识），2014（4）：19.

巧设情境作业，提升素养增趣味

翁源县陈璘小学　吴小红

《义务教育语文课程标准（2022年版）》（以下简称《新课标》）提出"教师要综合考虑教材内容和学生情况，设计不同类型的学习任务，依托学习任务整合学习情境、学习内容、学习方法和学习资源，安排连贯的语文实践活动"。情境作业结合语文学科特点，通过创新形式，增加作业趣味、创新内容，呈现文化色彩、创新层次，体现学生主体等策略，让学生在特定情境中将行为转化为能力，激发学习动机，在提升学生语文素养的同时发挥作业的育人功能。

一、创新形式，增加作业趣味

传统的作业，多以课本后面的习题、生字词和教辅资料为依托。这些形式单一、内容固定的作业，往往脱离了学生的生活实际，缺少生动的生活情境，单调枯燥，以至于学生对作业兴趣不高，甚至产生厌学抵触情绪。因此，教师可结合教材，联系学生既有的生活体验，创设生动有趣的生活情境，丰富作业设计形式，增加作业的趣味性。

例如，在教学二年级上册《纸船和风筝》一课，我针对课后习题设计了一份情境作业：

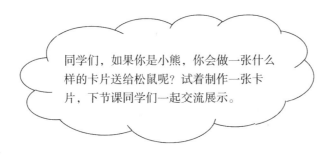

同学们，如果你是小熊，你会做一张什么样的卡片送给松鼠呢？试着制作一张卡片，下节课同学们一起交流展示。

这份小作业采用卡片的形式，将语文学科与美术、手工学科融合，让学生在设定的情境中运用语文知识，在动手制作贺卡的过程中，作业变得更加有生机和活力。这一情境作业打破了传统作业中封闭的学习方式，不仅让学生在具体的语言情境中运用所学的生字，还将学生带入小熊的角色中，练习语言表达，使作业和生活接轨，故事教育的意义也就在这份情境作业中得到了体现。许多学生特别喜欢这样的创意作业，至今还把小卡片小心地夹在课本的这一课里。

二、创新内容，呈现文化色彩

传统作业的内容多为单一学科的知识点的重复性机械性巩固练习，多偏向于应试教育，忽略了学生学习能力的培养和提升。教师应在作业设计时大胆创新，设计内容新颖，具有开放性、探究性和综合性的情境作业，提升学生的核心素养。

例如，中国传统节日承载着中华民族博大精深的民俗文化，是语文学科文化教育的宝贵资源，而文化自信又是核心素养的重要组成部分。所以，抓住传统节日的契机，创设语文实践作业情境，能助力学生在参与中增强文化自信，提升学科核心素养。

以春节为例，可围绕"春节文化"主题，分学段设计实践性的情境作业。

低年级：汉字里的春节美食

民以食为天，春节来临之际，让我们从中国美食中认识更多的汉字吧！大家可以用自己手中的画笔画出美食的色彩，写出中国美食的名字，也可以将你从中国美食中认识的汉字做成精美的字卡展示一下。

中年级：画笔下的春节习俗

春节是我国的传统节日，有着深厚的文化内涵和独特的习俗，让我们借助新春佳节，继续探寻节日的奥秘，用你的巧手彰显春节的魅力吧！

高年级：我的春节生活

围绕"春节文化"主题，制作一本传统节日绘本，用你的巧手把自己的寒假生活画下来，再配以文字说明，制作成一本特色绘本。别忘了给你的绘本设计一个精美的封面，取个好听的名字！

在这一份作业里，开放性、探究性和融合性融于一体，学生在完成作业的过程中，不仅说、写、画、找等各学科能力都得到了训练，对我国传统文化的了解也会更加深入。

又如教学《敕勒歌》一诗时，学生基本上没去过草原，没有目睹过"天苍苍，野茫茫，风吹草低见牛羊"的北国草原壮丽富饶的风光。结合课后习题"读诗句，想象画面，再用自己的话说一说"，教师布设作业：小画家们，请你们一边读诗句，一边想象画面，将你在《敕勒歌》这首诗里看到的画面用你的巧手妙笔画出来吧！

任务下发后，学生都显得很兴奋，开始构思作画，课堂研究气氛浓重起来。在课堂展示阶段，学生纷纷展示自己的画作，并用自己的话进行解说，让学生在完成作业的过程中体验美、欣赏美、创造美，对祖国大好河山的自豪感更是油然而生。

设计诗配画的情境作业，通过再现文本情境，向学生展示了可感知的生活场景和生动的画面，使学生更深刻地感悟文本，培养他们的审美情趣和想象力，拓展了他们的创新思维空间，背起这篇诗文也更得心应手。

三、创新层次，体现学生主体

传统作业内容统一、要求统一、完成的方式统一，这种作业常常使优秀生"吃不饱"、中等生"吃不好"，待优生"吃不了"，严重束缚了学生发展的可能性。分层设计情境化作业，能充分体现学生的主体性地位，让每个层次的学生都能在"最近发展区"内跳一跳就摘到"果子"。

例如，统编小学语文教科书二年级上册《树之歌》一课的学习目标有：认识本课15个生字；正确书写"杨、壮、桐"等10个生字；正确流利地朗读课文，背诵课文；积累三句含有"树"的名言。在教学本课时，我针对本班学生的情况，设计了如下作业单：

我的选择（打"√"）	作业要求（请从下面4项作业中选择2项完成）	作业展示方式	☆作业评价（请老师、家长或同学给自己打）
	1.我会认读本课生字，正确、流利地朗读课文、背诵课文和名言。	读、背给家长或同桌听。	
	2.我会工整地书写本课学习的10个生字。	将书写纸给家长、老师或同桌看。	
	3.我能再说几种树的特点。	向同学口头介绍几种树的特点。	
	4.我能用写绘的形式仿写课文。	将写绘作品带到教室展示。	

其中，第1、2项是基础性知识的复习巩固，这对于学习能力较弱的学生是必要的练习。第3项是口头表达训练，培养学生查找资料和语言表达的能力。第4项是基于课文的跨学科情境作业，既考查了学生查找收集资料的能力，又对表达能力有一定的要求，同时融合绘画这一美术学科能力。布置作业时，要求基础较弱的学生必须从第1、2项中选择一项来完成，其他一项可根据自身能力来选择。

实践证明，大部分学生选择第3、4项作业，尽管他们口头介绍的树木特点不够精准，绘画不够美观，但是，他们是发自内心地乐意去完成这些情境作业。

正如新课标指出，只有充分利用现实生活中的语文教育资源，优化语文学习环境，构建课内外联系、校内外沟通的语文教育体系，开展丰富多彩的语文情境化实践活动，学生才能在语文的实践中不断地积累语言，提高语文学习能力。生活是无须创设的天然情境，蕴藏着许多丰富的语文作业资源。本次作业旨在让学生回归现实，回归生活，强调学生亲身经历，培养动手、动脑、观察等方面的能力，加深对文本的理解和感悟，培养想象力和审美情趣，拓展思维空间，让学生动手动脑去完成充满趣味的情境式语文作业，感受作业带来的乐趣，激发学生对语文学习的兴趣。

综上所述，紧扣语文要素，以创新、丰富、有趣的形式巧设情境作业，实践性、思维性、跨学科的多元化作业，能有效减轻学生的作业负担，落实国家"双减"政策和五项管理规定的要求，实现作业的减量增效。

参考文献

［1］周璐."双减"背景下学作评一体化作业的设计与实施［J］.语文建设，2022（2）.

［2］滕衍平."实用性阅读与交流"学习任务群的内涵解读与教学建议［J］.小学教学设计（语文），2022（9）.

［3］黄亚芳.创设情境让语文作业更加有效［J］.成才之路，2014（4）.

"双减"背景下小学语文情境
作业设计的探究

南雄市珠玑镇中心小学　刘晓芬

　　教育作为国家战略的民生工程，应被摆在优先发展的地位。2021年7月，中共中央办公厅、国务院办公厅印发了《关于进一步减轻义务教育阶段学生作业负担和校外培训负担的意见》（以下称为"双减"）。之后，各级教育部门配套政策接连出台，相关工作紧锣密鼓有序推进。"双减"政策提出：教师应该做到在降低作业数量的同时保证学生的学习质量。《义务教育语文课程标准（2022年版）》提出：义务教育语文课程实施从语文生活实际出发，创设丰富多样的学习情境，激发学生的好奇心、想象力、求知欲，促进学生自主、合作、探究学习。学生只有在真实有趣的情境中，才能保持积极的学习兴致，取得良好的学习效果，进而发展个性、培养学习能力，从而提高语文核心素养。

情境式小学语文作业的内容设置是结合新课程标准的理念，根据小学语文课程内容安排，凭借各种不同创新的、先进的教学手段，以学生为主体，用生动形象的情境来对小学语文作业进行设计。这充分体现了小学语文作业的生活性、趣味性与实践性等，让学生有效地学习、掌握语文知识，以增强语文作业的高效性与提高学生的思维能力。

基于此，情境作业设计应以情境为主线，结合学生的差异和兴趣爱好设计情境作业。在布置作业过程中创设情境，调动学生积极完成作业的兴趣，帮助学生有效地掌握、巩固所学的语文知识。

一、当前作业存在的现象

我对本校所有语文老师进行谈话了解以及对中高年级学生进行问卷调查，发现本校老师在作业布置上存在两大现象：一是部分老师在设计作业时依赖以往传统的作业布置经验，或单一地从教辅资料中照搬下来，没有根据学情对作业进行设计，因此作业设计缺乏趣味性、情境性、实践性的思考；二是较多教师因受应试教育的影响，只布置机械的、枯燥的作业，而忽略了情境性作业设计，特别是一些年龄偏大的教师，他们设计的作业形式较为单一，只关注静态知识的巩固，以强化技能和巩固知识为主要方法，通过反复背诵和机械抄写提高学生的分数，而没有重视学生动态的思维能力的培养、核心素养的提高。

随着教育改革的推进，大部分教师的教学理念有了一定程度的转变，那为什么还会出现这些现象呢？我了解到，由于考试形式没有发生根本性的改变，考试的成绩直接与老师的绩效挂钩，所以受应试教育的影响，他们在作业设计上只能根据考试的指挥棒，布置单一、枯燥、机械的作业。而且本校语文老师，除了3位老师是80后，其他都是老教师，平均年龄48岁左右，几十年的教龄让他们有了自己的一套模式，再加上年龄偏大，精力有限，他们也不愿意去接受新鲜的事物。

从学生的问卷调查反馈看，有不少学生不喜欢写作业，尤其是学习成绩落后的学生，贪玩的学生；还有一部分学生刚开始比较喜欢写作业，但因为作业枯燥、无趣，他们慢慢体会不到成就感和满足感，渐渐也就失去了写作业的热情。

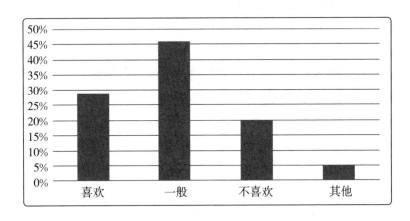

二、语文情境作业设计的意义

"双减"政策的出台和新课程标准的颁布均为我们教师在设计作业时指明了方向。情境作业设计就是在"双减"的基础上，以课程标准和教学要求为依据，结合学生的学情，根据真实的情境而创设。在作业设计中创设与生活相关的情境，将语文知识与学生实际生活有机结合在一起，呈献给学生一个直观的、真实的教学背景。这样不但能激发学生完成作业的兴趣，唤醒学生对知识的渴求，而且还能为学生提供一种努力向上的情感体验，使其积极地、快乐地投入到学习中去。

一是有助于摒弃教师教学设计的"机械主义""拿来主义"。利于教师立足语文要素，从课程知识点切入，对每一个学生做到精准判断，在诊断后设计观察与实践的生活情境作业，帮助学生减负增效。

二是解决教师由于观念陈旧而进行作业设计的过程中存在设计过量、低效和大众化的现象。科学设计高质量、高思维、高发展的情境作业，激发学生学习的积极性。

三是为学生创设出丰富多样的观察与实践的生活情境，有利于学生处在一个认知和情感氛围下，完成、掌握语文作业的方法与思路，同时也拓宽了学生的视野，从而使学生的认知情感得以升华。

三、语文情境作业设计的类型

（一）跨学科情境作业

《义务教育语文课程标准（2022年版）》明确提出义务教育课程应遵循"加强课程综合，注重关联"的原则，强调"加强课程内容与学生经验、社会生活的联系，强化学科内知识整合，统筹设计综合课程和跨学科主题学习。加强综合课程建设，完善综合课程科目设置，注重培养学生在真实情境中综合运用知识解决问题的能力。

开展跨学科主题教学，强化课程协同育人功能"。

跨学科情境作业要求教师基于课程内容与生活情景的互相融合设计问题情境，情境要与学生的真实生活密切相关，要从学生的真实生活出发，让学生在现实的生活情境中运用学习的知识、生活经验，去分析问题、解决问题，实现语文学科的知识迁移。

以统编版小学语文第九册第七单元为例：本单元共安排了三篇精读课文，一篇略读课文。以"四时景物皆成趣"为主题编排，呈现了大自然的美妙绝伦。我们在欣赏本单元优美诗文的同时，也要留心观察身边的景物，并按照观察顺序写出大自然中的景致美。这个单元的文章不仅仅是了解四季之美，更重要的是落实具体的语文要素：一是初步体会课文中的静态描写和动态描写；二是学习描写景物的变化。但是，对于五年级学生而言，理解散文意境，特别是通过字里行间的语言来体会作者借用景物作为抒情对象，这样的体会对五年级的孩子来讲是有一定难度的。所以为了帮助学生去体会文章中的景致美，在《四季之美》一文中，我设计了两项跨学科作业：一是利用信息技术制作宣传片——《你不能错过的四季》，给课文美景做宣传。学生成为课本代言人，为作者笔下的美丽四季拍一组宣传片，使课文成为一张旅游名片；二是画一画自己最喜欢的季节，配上文字解说。这样，学生在画的过程中，在文字配图的过程中既感受到了景物之美，又体会到了文章之美。

小学生的生活世界是一个整体，它是不能独立、不能分割的，我们的学科也应该相互融合，不能分开。从学生学习认知、年龄特点来讲，他们只有在真实生活和情境中进行观察、亲身体验、自主探究、真实交流，才能更好地解决学习与生活中的问题。所以，很多情况下，语文学科的学习具有跨学科学习的特点。我们要从复杂的生活情境中找到现实需求与学科认知的聚焦点，布置跨学科作业设计时清晰地把握任务情境的目标要素，避免设计的盲目性和随意性。特别值得注意的是：在跨学科情境作业表述中一定要提示学生用语文的方式去解决实际问题，不能把语文作业独立布置成单纯的美术、信息技术学科作业。

（二）体验型情境作业

新课程标准提出：要引导学生在广阔的学习和生活情景中学语文、用语文、提高交流沟通、团队协作和实践创新的能力。体验型的情境作业就是引导学生在真实的生活情境中，以学习任务为目标，通过小组合作、探究的学习方式开展语文的体验活动，并在这个过程中，丰富学生个体语言经验，提高语言文字运用能力。在体验型情境小学语文作业设计中，课文中所饱含的有些情感，是只可意会，不可言传的，这些情感因为个人体验不同，所以自身的感受是独特的，与众不同的。因此，体验型情境作业过程是需要学生亲身体验、独立思考、探索问题、解决问题的。

以小学语文统编版五年级上册第六单元为例：本单元共安排了3篇课文，是关于父爱和母爱的。在这种文中有情，情中有文的语文学习过程中，学生要学会运用恰当的语言真实地表达自己的看法和内心感受。我们要唤醒学生沉睡的生活经验，引导他们发现、感受生活细节中饱含的父母之爱，把自己的那份独特感受表达出来，我结合课本中的综合学习，布置学生"拍电影"。以"拍电影"的方式去用眼睛观察父亲、母亲的生活场景，"拍"下生活中体现父爱与母爱的点滴，再小组自由组合，交流自己"拍"下的"电影"，小组探讨如何从"电影"的场景、细节中体会出人物的情感。在这次自主、合作、探究的体验活动中，学生情绪高涨，不但使语文与生活实践架起了沟通的桥梁，培养了学生自主、合作、探究的精神，也培养了学生的实践、创新能力，使学生的核心素养得到真正的落实。

（三）表演型情境作业

在我们的问卷调查中，不喜欢写作业的学生占20%，喜欢写作业的学生只有29%，之所以出现这样的情况，是因为小学生长期处在一个枯燥的、机械的作业活动中，逐渐感受不到学习语文知识的乐趣，慢慢也就失去了对完成作业的热情。《教育心理学》中明确提道：富有趣味性的情境可以使学生迅速地建立起"鸡蛋记忆"，同时记忆在脑海里维持的时间也会更加长久。小学生活泼好动，喜欢表现和模仿，而表演型情境作业就是将语文作业设置的形式在优化课文内容的基础上，变得更加丰富、更加精彩。

以《鸟的天堂》为例，在学完课文描写大榕树这一部分时，我围绕本节课的重点，设计了角色扮演这一项作业。学生表演课文开始的故事中的仙鹤：如果你是仙鹤，你怎样介绍这棵大榕树？你怎样呼唤来你的朋友？为了降低难度，我提醒学生：要引来其他的鸟儿，我们需要把榕树的特点介绍清楚。在我的引导下，学生马上抓住了大榕树的特点进行介绍："鸟儿们，快来呀，我这里有棵美丽的大榕树，它又大又茂盛。它的枝干不可计数……"话匣子一打开，其他同学紧跟其后，课堂气氛马上活跃起来了：有的学生介绍榕树很美丽，有的同学介绍这里的环境幽静，有的同学介绍这里百姓淳朴……在角色扮演的过程中，既激发了学生的兴趣，又检测了学生对本节课的学习任务的掌握情况，同时也把描写事物静态的写法指导渗透到其中，充分体现了教—学—测一体化。

四、结语

情境作业设计是课程作业的有机组成部分，也是我们课堂教学的巩固和延伸，它依托教材，但共性是不能像传统的作业设计一样只限于教材，只应付考试，而是打破传统常规的语文作业的形式，围绕一个特定的学习主题，从学习目标出发，寻找生活实践中的应用情境或创设与现实生活相似的应用情境，引导学生在真实情境中迁移知识，体验语文学习的实际用途，以产生学生学习的适用感、价值感，最终达到提高学生的语文核心素养的目的。

巧设真实情境，强化语言实践

——统编教材"小练笔"情境作业设计策略探究

新丰县黄磜学校　吕芳雅

　　"小练笔"是统编教材为体现"读写并重"而编排的一个课后习题板块，它具有篇幅小、形式活的特点，从三年级到六年级共有20次。"小练笔"将课文学习与写作表达训练有机融合，是一种微型写作表达训练，以提升学生表达能力。

　　《义务教育语文课程标准（2022年版）》（以下简称《新课程标准》）指出："语文课程应引导学生热爱国家通用语言文字，在真实的语言运用情境中，通过积极的语言实践，积累语言经验，体会语言文字的特点和运用规律，培养语言文字运用能力。"情境是语言运用与发展的重要载体。小学语文的情境作业设计，主要是通过让学生走进特定的情境，进而充分理解、运用文本语言。因此，语文教师在布置"小练笔"作业时，可以设计真实的语言情境，落实语言实践的目标，达到培养学生语言运用能力的目的。

一、创设任务情境，激发表达欲望

任务情境作业指的是教师通过设计一个新颖而有趣的任务情境，让学生完成任务即完成作业。任务是语文实践活动的动力，在任务的驱动下，学生的学习兴趣会被完全激发出来，从而进一步调动学生的表达欲望。如，三年级下册《荷花》的"小练笔"题目是"第2自然段写出了荷花不同的样子，仿照着写一种你喜欢的植物"，我们可以创设一个"我为××（植物）代言"的任务情境，学生带着"代言"任务展开小练笔，仿照课文的写法，为自己喜欢的植物写下代言词，让学生从"要我写"到"我要写"，促进学生主动学习。又如，六年级下册《腊八粥》的"小练笔"要求学生"读读课文第1自然段，照样子写一种你喜爱的食物"，则可以创设"××的味道我知道"美食评比活动，学生在完成练笔任务后，进行全班评比，看谁写得更诱人，让"小练笔"的学习任务不在是枯燥地写一段话，而是有意义的语言实践活动。

还可以"达标任务"作为情境，让学生学习课文的语言表达方式。如，四年级下册《飞向蓝天的恐龙》的"小练笔"："读一读，注意加点的部分，再照样子写一段话。"教师可以创设"达标任务"：使用总分的结构写一段话，学生在文段中用上了"总分"的写法即为达标，完成任务。这样的设计看似是围绕任务开展，实际是围绕评价开展，达标任务即评价内容，把评价内容前置，做到以评促写。根据单元的语文要素及课文的教学目标，我们也可以精心设计多重"达标任务"。例如，四年级下册《猫》的"小练笔"

的"达标任务"可以设为两个：一是写出人物或动物看似矛盾的性格特点，二是用具体的事例进行描述。通过这样的迁移练习，让学生在习作中自如地运用在阅读中掌握的表达方法。

任务情境作业基于统编教材的语文要素，以任务为抓手，以训练表达为核心，不但激发了学生的学习热情，促进了他们对"小练笔"作业的参与，更为习作打下了基础，让学生在任务驱动下想写，爱写，有目的地写。

二、创设角色情境，增强情感体验

李吉林老师认为，儿童作为学习的主体，教师需要创设情境，引导学生角色扮演参与其中，去开展观察、思维、想象等活动。如果学生能够代入特定角色进行作业，全身心地沉浸于作业所在的情境之中，那么将有助于学生的语言表达，并且能加深自己的思考和理解。所以，"小练笔"情境作业的设计可以为学生设定一个角色，丰富学生的情感体验，使学生具有角色意识。

角色情境可以是教师设计的与生活实际相关的角色。例如，三年级上册《富饶的西沙群岛》的"小练笔"是让学生从给出的四幅图中选择一幅写几句话，那我们可以让学生化身西沙群岛的"小导游"，让孩子们为游客介绍图中的美景，同时，提醒学生可以仿照课文"围绕一个意思写一段话"的方法，试着围绕一个中心句来写。又如，五年级上册《猎人海力布》的"小练笔"是用一段话介绍"海力布"这块石头的来历，我们可以这样创设情境：线上博物馆"民间故事"分馆刚收入"海力布"石头，你被邀请作为这块石头的讲解员，请你根据课文内容，向大家介绍"海力布"的来历。学生在扮演"讲解员"这一角色的时候，就会考虑到自己的介绍是否清楚，以此来纠正自己的表达。"小导游""讲解员"等角色体现了"实用性阅读与交流"学习任务群的特点，将课文学习和生活实际紧密联系在一起。

角色情境也可以是文本中的角色，让学生进入文本，以第一人称写下自己的感受。如，五年级下册《手指》的"小练笔"中，要求学生仿照课文，从人的五官中选一个，写一段话，那么我们可以赋予学生的角色就是五官之一；又如，六年级上册《穷人》的"小练笔"问道："沉默中，桑娜会想些什么呢？"可以让学生站在桑娜的角度，设想自己就是桑娜，写下自己的心理活动，也可以让学生演一演桑娜这个角色，对了解人物的性格有帮助，当学生了解了这个角色之后，他们就会走进文本，自然而然就能情动而辞发。

角色情境作业既需要教师精心创设角色，也需要在学生表达上做指导，这样才不会让角色流于形式，而是作为"学习支架"让学生进入文本，打通课文与真实情境的联系，促进读写迁移，在语言实践中为学生的语言表达能力奠定基础。

三、创设互联网+情境，突出时代特征

新课程标准的课程理念中指出：义务教育语文课程突出内容的时代性……关注数字时代语言生活的新发展，体现学习资源的新变化。情境作业也可以与时俱进，创设互联网+情境，让学生紧跟时代发展，在互联网上的语言情境中进行积极的语言实践。事实上，

当今小学生对微博、抖音、朋友圈、小红书等网络社交平台并不陌生，我们把"小练笔"作业和他们熟悉的平台联系在一起，有利于学生积极主动地参与到作业之中。根据"小练笔"的特点，我们可以从"为某某平台撰写一段文案"作为切入点进行互联网+情境作业的设计。

如，三年级下册《我们奇妙的世界》的"小练笔"要求学生写一写普通而又美的事物，我们可以把文中的三个例句设计成三条朋友圈，并配上图案，邀请学生也发一条朋友圈，作业内容如下：看到这三条如此美的朋友圈，相信你们也忍不住想点赞，在我们奇妙的世界里，你是否也发现了普通而又美的事物？快来发一条朋友圈吧！写好之后，邀请老师和同学为你点赞吧！如此布置作业，学生们的表达兴致大大提高，人人都想发一条点赞数量多的朋友圈，便会认真思考文案和配图，既为学生的写作提供了有效助力，又使学生产生了语文学习的成就感。还可以创设"发微博"的情境，如六年级上册《少年闰土》的"小练笔"题目是：照片凝固了我们生活的一个个瞬间。从你的照片中选一张，仿照第1自然段写一写。我创设了"微博+晒出你的回忆照+活动"的情境，邀请学生参与活动，并以"温馨提示"的方式提醒学生仿照课文"先描写环境再刻画人物"的写法来撰写微博文案，这样既能兼顾"小练笔"的训练目的，又能有一个与现实接轨的平台给学生展示。这样的互联网+情境作业无疑是符合新课程标准的课程理念的。

互联网+情境作业的设计还需要语文教师多关注当前的热点话题，这样能让我们的作业保持新鲜感，如公众号征集稿活动、"新时代好少年"文案评选活动等都能设法与"小练笔"挂钩，让学生围绕活动，主动开展深入的学习，在语言实践中提升思维品质。同时，网络具有双面性，教师还要注意在引导学生参与活动中培养他们正确的价值观和积极向上的人生态度。

杨向东教授认为："所谓真实情境，是指源于现实世界，贴近学生经验的真实场景……它让学生觉得在解决有现实意义的问题，有助于激发学生参与和投入的兴趣。""小练笔"以情境作业的形式开展，能让学生通过语言实践进行积累、构建、运用。"小练笔"对提升学生语文核心素养有不可或缺的作用，语文教师要立足课标，依托教材，为学生设计真实的"小练笔"情境作业，让学生在真实的语言情境中，积极地发展语言运用能力。

参考文献

[1] 中华人民共和国教育部. 义务教育语文课程标准（2022年版）[S]. 北京：北京师范大学出版社，2022.

[2] 徐鹏. 义务教育语文课程标准（2022年版）课例式解读小学语文 [M]. 北京：教育科学出版社，2022.

[3] 高玉梅. 单元整体视域下的语文情境性作业 [J]. 教学与管理，2023（1）.

[4] 魏玉梅. 统编教材中"小练笔"的价值、类型和教学策略 [J]. 语文建设，2022（3）.

情境，让语文作业趣味与质量并存

翁源县龙仙第四小学　曾育红

《义务教育语文课程标准（2022年版）》指出，语文教学应创设真实而富有意义的学习情境，突显语文学习的实践性。所谓情境体验式的语文学业活动，就是指教师在设计语文学业活动中，自然而然地引入生活内容和关注学生已有经验，将语文作业和现实生活、已有经验联系起来，从而使作业情境生活化——反映生活，使作业内容生活化；走向生活，使语文实践生活化。语文源于生活，语文作业最终应该应用于生活。要使语文学习"活"起来，使语文作业"乐"起来，丰富的生活情境可以帮助语文教学达到事半功倍的效果。

一、情境作业，以"趣"促"活"

兴趣是最好的老师，小学生性格活泼好动，学习语文需要静下心来，不能急躁。因此，在小学语文情景操作中，教师应依据孩子的年龄和特点，设计出生动有趣的情景操作，以激起孩子对语言的浓厚兴趣，并让他们在感兴趣的情景中顺利完成操作，从而达到以"好玩"促进"活跃"的目的。

如，在统编版小学语文四年级上册第一单元的第2课《走月亮》中，教学目标要求学生边读边想象画面并积累文中的优美词句。而四年级的学生好奇心重，对社会流行的热点事物有着很强的好奇心和较好的接受能力。教师可以绘制朋友圈的形式呈现学生对课文画面的想象，同时可以积累文中优美生动的句子，或者激发学生对课文的所思所感，形成自己的表述的作业。这一过程能有效落实本课的教学目标，并为本单元《推荐一个好地方》的习作做铺垫。这样设计情境作业不仅能有效激发学生学习语文的兴趣和动力，还能让学生在充满趣味性的情境中完成作业。所以说，在小学语文情境作业中，教师要设计一些能激发学生兴趣、符合小学生年龄特点的有趣作业，让学生在乐趣中高质量地完成作业。

二、创设情境，让学生身临其境

在教学中，教师应该注重培养孩子对语文教育的理解能力，并根据孩子的年龄特点创设不同的情境，让孩子体会到学习的快乐，从而更好地理解语言知识点。

为了让学生更好地理解《猎人海力布》的情节，教师可以设计一些角色扮演的课堂小剧场，让学生通过使用当地的方言来体验海力布劝说乡亲们搬家的场景。这样，学生就能更深刻地感受到课文中乡亲们对土地的珍视和乡亲之间的亲密关系。

三、利用情境，将书面化转化为形象化

情境作业在培养学生的写作能力方面发挥着不可替代的作用。在教学实践中，教师应该将书面化转化为形象化，让学生的写作能力得到提高。比如，教师可以带领学生完成"我当小老师"的情境作业，让学生在情境中扮演老师，通过给其他同学讲解题目的方式，培养学生的语言表达能力、阅读能力和分析能力。教师可以通过设计情境作业来帮助学生很好地理解课程内容，并在一定的情境中引导他们考虑问题和解决问题。

如，教学统编版小学语文三年级下册第11课《赵州桥》时，教师可以让学生根据教材内容设计一个情境作业：请同学们带着问题去图书馆查阅相关资料，了解赵州桥的历史发展和造型特点。在这样的情境中，学生可以运用自己学到的知识解决实际问题，并在解决问题的过程中加深对赵州桥历史发展和造型特点等相关知识的理解。这样可以将书面化转化为形象化，有助于培养学生的语言表达能力。基于以上查找到的资料，请学生扮演导游，试着用自己的语言向游客介绍赵州桥。

《义务教育语文课程标准（2022年版）》明确指出，语文学习情境源于生活中语言文字运用的真实需求，服务于解决现实生活的真实问题。作业设计中有一个关键的节点就是"问题"，教师需要有意创设问题教学环境，把问题放置在情境之中。"问题"情境化属于个人体验情境范畴，创设这样的情境，目的是引导学生激发内在学习的主动性以及对过往学习经验的有意识梳理。在统编版小学

语文四年级上册第七单元的习作《写信》教学中，可以设计亲子活动，将学生作业回归到真实情境中，指导学生在完成信件后，学习写封信和发送电子邮件，使学生习作真正应用于生活。同时，要求家长积极参与活动，在收到信件后积极给孩子回信。将学生的书面化作业在真实的生活情境中形象化，学生完成作业的积极性将会大大提高。

四、注重情境的多元化，培养学生综合能力

在小学语文课堂中，学生的学习任务大多是围绕着字词和写作展开的，而学生要想全面发展，就需要对语文知识进行拓展和延伸，对其他学科进行学习和了解。因此，教师在教学中应该注重对学生进行综合能力的培养，尤其是在情境作业方面，要尽可能地引导学生进行综合性学习。通过跨学科学习，我们可以在语文课程中发现问题，并运用多学科知识进行分析和解决，这有助于提高我们的语言文字运用能力。

在统编版小学语文四年级下册第三单元综合性学习《轻叩诗歌大门》中，通过合作编小诗集和举办诗歌朗诵会的方式，学生可以进一步感受到诗歌的魅力。其中，在合作编小诗集这一活动中，教师可以指导学生先自主创作诗歌，再给诗歌配以合适的图画，最后请学生分工合作，将各人的诗歌串联成册，并为诗集制作封面、目录和封底等。这一活动既培养了学生的写作和语言运用能力，也在一系列的合作中发展了文化自信、思维能力和审美创造能力。

五、结语

"以学生为本"的教学理念要求教师在教学活动中要充分体现学生的主体地位，让学生真正成为学习的主人。将情境融于语文教学，可以充分调动学生的学习兴趣，让他们脱离被动接受式作业的约束，以积极主动的态度参与到语文作业的完成中，从而有效提升语文课教学的效率。通过创设情境，教师能够将知识有效地传授给学生，让学生在自主探究、合作交流以及亲身体验等实践活动中提高学习效率、积累知识经验，从而促进学生全面发展。总之，情境作业能够更好地调动和激发学生参与的积极性，让他们主动地进行独立思考，充分发挥自身的主体作用。情境作业能够提高学生对语文知识的理解和掌握程度，从而促进小学语文教学质量和教学效率的提升。

参考文献

［1］高华.唤起情境体验，设计语文作业［J］.华夏教师，2018（10）：51-52.

［2］赵飞."双减"背景下初中语文情境化作业设计与表现性评价［J］.语文教学通讯：初中，2022（6）：19-23.

聚焦"双减"，优化语文
情境作业设计

翁源县实验小学　王初桂

为了更好地落实国家"双减"政策，全面减轻学生作业负担，在"减负"的同时提质增效，学校以设计语文情境作业为抓手，进行了积极尝试，出了一本《语文创意作业集》，取得了很好的效果。我结合教学实践，对这本《语文创意作业集》进行了认真梳理，对作业集里的每一份作业设计进行了认真比对，认为设计情境性作业可以从以下几个点入手。

一、巩固性情境作业

"教是为了不教"，巩固性情境作业的目的是引导学生对课堂所学知识进行巩固和再吸收，深化对所学内容的理解和运用。教师教学很多时候都是用抄抄写写这种形式来巩固，学生没有兴趣，效果也不佳。巩固性情境作业就是从学生的兴趣点入手，创设一定的情境，让学生在津津有味地完成作业的过程中达到"温故而知新"的效果。

三年级的一位老师在教学完上册内容进行复习时，是这样创设情境、布置复习作业的：这学期我们一共学了《山行》等9首古诗词，请根据本学期课本所学过的古诗词，选一首自己最喜欢的古诗词，发挥自己的想象，为它配一幅图，要求图文结合。这样的情境作业能激发学生对古诗词的热爱以及朗诵的热情，学生在配画的过程中不知不觉加深了对古诗词的识记和理解。

在学习完四年级上册的《精卫填海》后，有位老师为了巩固"讲述故事，感受形象"这一重难点，设计了这样的情境作业：结合注释和插图，加上合理的想象，尝试制作读书小报，画出精卫填海的故事，体会描写的精卫的形象。四年级的孩子刚接触文言文，要通透理解文言文，还是有一定难度的，而用制作读书小报的方法既巩固了本课内容，又能增加乐趣，激发学生学习的信心。

二、延伸性情境作业

所谓延伸性情境作业，就是课堂教学的延伸，重点是培养学生运用语文的能力，紧扣"实用性"三个字，结合日常生活创设情境，引导学生在完成作业的过程中巩固与运用所学知识，将所学知识转化为能力。

（一）设计课内阅读方法向课外延伸的情境作业

学完三年级上册预测单元的一篇课文《胡萝卜先生的长胡子》

后，结合本单元"猜测与推想"的主题和"学习预测的一些基本方法"的语文要素，有位老师设计了这样的延伸性情境作业：读读下面的这些文章或书的题目，猜猜里面可能写了些什么？（《躲猫猫大王》《帽子的秘密》《夏洛的网》……）这项作业的设计目的是让学生通过对文章或书的内容进行大胆预测从而产生阅读这些文章或书的兴趣。引导学生根据题目预测故事的主要内容，不同类型的题目可以有不同的预测角度，这些阅读策略的训练，绝非课内就可以做到，更重要的是引导学生把方法迁移到课外，在大量的阅读实践中迁移学习。

（二）设计与课内相似相关内容的情境作业

在学习完五年级上册的《少年中国说》一文后，一位老师设计了这样一项情境作业：近百年来，在爱国热情的激励下，我国涌现出许多的卓越人物，为国家做出了巨大的贡献，如地质学家李四光、杂交水稻育种专家袁隆平等。小组合作，查找资料，找一找为国家富强而努力奋斗的卓越人物的故事，和组内同学同做一份手抄报。这份情境作业通过查找对祖国有巨大贡献人物的资料，不但可以引导学生更好地体会《中国少年说》所表达的思想感情，而且可以对课堂内容做很好的补充，使学生受到杰出人物的熏陶，产生对杰出人物的敬佩之情，在孩子们心里埋下为祖国富强而努力奋斗的种子。

三、深化性情境作业

《义务教育语文课程标准（2022年版）》指出应该引导学生"借

助多种方式分享阅读心得"。为此，一位老师在上完四年级上册的"快乐读书吧"后，设计了这样一项情境性作业：读完"快乐读书吧"的推荐书目，很有感触吧，那就为你最喜欢的一本书或者一个故事，写一个故事简介，将其介绍给同学，并且给你最喜欢的人物制作一张人物名片吧。这项作业其实是让孩子们用"写故事简介，制作人物名片"的方法分享阅读心得，提高整体阅读的认知能力，是对"快乐读书吧"这项内容的深入探究。

四、实践性情境作业

《义务教育语文课程标准（2022年版）》指出：能用日记等方式记录个人见闻、感受和想法，能用照片、图表、视频、文字等展示学习成果，并与他人分享。语文的实践性很强，其作业设计也应该具有很强的实践性。因此，在教学中，教师可以结合课标要求，通过情境创设，设计一些富有实践性的作业。

为了培养学生的观察能力，在上完四年级上册《爬山虎的脚》后，一位老师是这样设计情境作业的：选择你喜欢的一种豆豆（如绿豆、黄豆等），培育发芽，认真观察它生长发芽的过程，用表格和绘画的形式记录下来，并配以文字。记录时间要连续5天以上，要把观察对象的特点、变化以及自己的感受写清楚。这份实践作业把图文与做表格结合起来，进行观察记录，既紧扣了单元要素——进行连续观察，学写观察日记，又培养了学生细心观察、乐于表达、热爱生活的核心素养。

为了培养学生动手、动脑、观察等方面的能力，加深对文本的理解和感悟，培养想象力和审美情趣，在学习完六年级上册的《竹节人》后，有位老师布置学生结合课文内容，制作一个玩具竹节人，并写一写竹节人制作指南。这样的情境作业，让学生既动手，又动脑，还能感受其中的乐趣，让学生爱上语文。

聚焦"双减"，我们可以从以上"四法"入手，设计形式活泼、有活力、趣味性强、学生乐意做的情境作业，不断提高学生的语文核心素养。

参考文献

[1] 王莉. 谈小学语文情境作业设计策略 [J]. 甘肃教育, 2018 (24): 101.

[2] 聂日佳. 如何设计情境化的小学语文家庭作业 [J]. 青少年日记（教育教学研究）, 2016 (7): 14.

[3] 中华人民共和国教育部. 义务教育语文课程标准（2022年版）[S]. 北京：北京师范大学出版社, 2022.

基于"双减"背景下的
情境作业设计探索

始兴县实验小学　林常红

　　《关于进一步减轻义务教育阶段学生作业负担和校外培训负担的意见》（简称"双减"），"双减"明确提出减少作业总量、提高作业质量、强化教师职责、加强作业完成指导、减轻家长负担、科学利用课余时间六项要求以改变现实中作业负担过重导致学生睡眠时间明显减少、影响学生身心健康发展、抑制学业成绩正向提升、弱化学生的主动作业兴趣、阻碍作业育人功能的发挥的不良现象。杜威认为：应该让孩子在作业的过程中锻炼"思维"，发展"智慧"，让学生能够解决日常生活中的问题，同时在作业的过程中培养情感和道德。根据"双减"政策精神和语文学科特点，我在情境作业设计上做了以下尝试。

一、作业形式从"一元操练"转向"多元操练"

"双减"政策提出作业要遵循教育规律、坚持因材施教，严格执行课程标准和教学计划，在课堂教学提质增效的基础上，切实发挥作业的育人功能，布置科学合理有效的作业，帮助学生巩固知识、形成能力、培养习惯，帮助教师检测教学效果、精准分析学情、改进教学方法，促进学校完善教学管理、开展科学评价、提高教育质量。教学中我牢牢把握作业的育人功能，提高作业设计质量，精心设计基础性作业，适当增加探究性、实践性、综合性作业。学生必要的操练是掌握知识、培养能力必不可少的手段。所以，我改变过去单一的机械抄写现象，提倡多种专题性的综合操练方式。例如，我设计了7种阅读卡：摘录好词佳句的"积累"卡、发挥学生特长的"绘图"卡、平等合作的"交流"卡、发展学生个性的"美食"卡、超文本链接的"联通"卡、不懂就问的"求助"卡、综合性学习的"搜狐"卡。作业以"卡"为凭借，融识记、积累、理解、运用、提升、发展、创新等为一体，对学生从进行"一元操练"转向进行"多元操练"，切实发挥了作业的育人功能。

二、课文朗读从"课内朗读"延至"课外朗读"

古人云："读书百遍，其义自见。"通过读，能够透过语言文字，在脑海里浮现出具体的形象、情境，把抽象的符号转化为一幅幅生动的画面，这就是"再造"。有质量的读，能够诱发主体想象，产生超出语言文字本身所包含的内容，这就是"创造"。朗读于课堂，受时间限制，容易流于泛泛而读，我把其延伸至课外，让"朗读"也是作业。我把教学目标中的"有感情地朗读课文"改为"尝试着根据自己的感受朗读课文"作为作业引导学生去朗读，让朗读培养学生个性化发展，展现孩子智慧的火花，这样我们才能静静地听到各种花儿开放的声音，才能悄悄地欣赏到各种花儿盛开的美姿。如教学《桂林山水》《观潮》等精彩写景文章的朗读时，谈到怎么读，学生大多觉得美景应该大声地、响亮地、赞美地去读，我让学生尝试着根据自己的感受去细细品读后，学生有的说动态描写的地方应该读得激昂点，用声音来体现赞美之情；有的说静态描写应该读得舒缓、温柔一点，也能体现喜爱、赞美之情……课堂读的时间有限，我让学生课后根据自己的感觉再去朗读，这样的朗读训练，既让他们的个性得到了张扬，又使朗读训练得到充分落实，从而让学生把语言文字学得更扎实、有效。

三、作业类型从"单一练习"走向"多元选择"

"双减"政策提出要提高作业设计质量，鼓励布置分层、弹性和个性化作业。作业是指导学生学习的必要环节，是知识理解的延伸和升华，是能力形成的前提和基础。作业的设计也应给学生一片自由的天空，以便发挥孩子的个性和创造性，可以推出集语文、书法、绘画、诗歌等于一体的作业形式，使作业"改头换面"，变枯燥为生动，化腐朽为神奇。如教学完《七律·长征》，我布置了这样的作业：①收集、吟诵毛主席在二万五千里长征路上所写的诗词（做在综合性学习的"搜狐"卡上）；②学唱长征组歌；③根据诗意画长征路上的某一场景（画在发挥学生特长的"绘图"卡上）；④讲长征的故事；⑤把长征的组歌排练成舞蹈；⑥写读后感（写在发展学生个性的"美食"卡上）；⑦观看长征影片。这些作业不要求学生每样都做，只让学生根据自身的探求欲，自主选择一到两个完成。学生在综合了各种学科知识能力的作业中尽情展示自己的才华，个性得到了张扬。

四、作业趋势的"书面化"兼合"生活化"

作业设计要基于生活，超越生活，面向多元世界；始于生活，走出书面，融入复杂社会。

1. 演绎生活

创设生活化情境，让学生演绎生活。教师把作业内容指向生活，面向生活，联系生活，理解生活，表达生活。如教学《桂林山水》《记金华的双龙洞》《鸟的天堂》等课文时，我布置了这样的作业：学生扮成导游、游客、景点管理员等角色，在生活化的情境中，无拘无束，轻松愉快地尽情表演，激情满怀，生动逼真地演绎生活化了的课文，让语文作业与生活这一泓活水相沟通，让静默的作业一派生机勃勃。

2. 体验生活

新课程标准指出：语文是实践性很强的课程，学习资源和实践机会无处不在，无时不有。作业设计中我注重学用生活，渗透生活，利用生活情境，让学生运用知识再现生活情景，让作业内容贴近生活，使学生产生一种身临其境、似曾相识的感觉，作业因此而焕发勃勃生机。如教学《父爱之舟》，让学生模拟给父母打电话、写信、寄贺卡、发微信等生活形式感谢父母的养育之恩，体验浓浓的亲情、温情……

五、作业广度的"综合化"融合"拓展性"

运用学生的口、脑、手乃至全身心进行语言的理解、积累，语文学科与其他学科加以整合，构成充满生命活力的综合化作业。学生的作业实践不能仅仅局限在课内，受约束于有限的时间，应该向更广阔的天地——课外延伸。我充分利用学校、家庭等教育资源，拓宽学生的作业空间，凭借教材，将学生引向课外，真正做到"得法于课内，得益于课外"。

1. 课前：综合拓展作业，促成课堂的互动生成

对于教材中的课文，我找准拓展点，新课之前让学生搜集相关资料，并把所搜集到的资料记录到"综合性学习的'搜狐'卡"上。课上，让学生交流所准备的相关作业，为更好地进行课内学习打下基础，促进课堂的互动生成。

如在教学《梅花魂》一课，以梅花为主线，以梅花魂为中心，我布置学生选做作业：读梅（小组读通课文）—画梅（课前在"绘图卡"上画自己喜欢的不同品种的梅花）—展梅（展示画）—题梅（在画旁题诗）—诵梅（诵读赞颂梅花的诗或名句）—感梅（感受梅花所代表的情感）—唱梅（以唱《我的中国心》来表达爱国之情）这样的作业方式，整合语文、美术、音乐、书法知识，拓宽了语文作业领域。这种综合化的作业有利于学生在感兴趣的自主活动中全面提高语文素养，同时在跨学科的学习中使学生在不同内容和方法的相互交叉、渗透和整合中开阔视野，提高学习效率，培养主动探究、团结合作、勇于创新的精神，并获得现代社会所需要的语文实践能力。

2. 课后：实施综合实践作业

课后的综合实践作业是基于文本对话后的体验生发的听说读写的综合实践，主要有以下几种形式：

（1）迁移式的仿写：这是根据文本在写作方面的特色开展的实践，如学了《桂林山水》一课，仿写一处风景名胜，学了《桂花雨》一课，仿写倒叙式开头。由"仿"到"创"，是小学生的必由之路。

（2）反思式的评论：反思式的评论就是针对某篇课文中遣词造句、情节构思、人物形象等发表自己的评论，并说出自己的理解和设想。如布置学生在发展个性的"美食"卡上重编《草船借箭》之"我来借箭"、《卖火柴的小女孩》的"新编卖火柴的小女孩"等。

（3）迁移式拓展阅读：叶圣陶老先生曾经说过："语文教材无非是个例子，凭借这个例子要使学生能举一反三"。因此，一篇课文学完后，当学生意犹未尽，教师都要有针对性、有计划地向他们推荐相关的课外读物，使阅读向课外、课后延伸。如在教学《军神》一课后，要求学生查找并在"搜狐"卡上记录称刘伯承为"武神""编外参谋""教书先生"背后的故事……这样，不但开发了课程资源，促进了课内外学习和运用的结合，而且对于学生积累语文知识、提高语文素养，大有裨益。

（4）拓展性实践：学了《猫》一课，在班里举办一次"宠物"展。可以是同学们自己家的宠物图片，也可以是收集的自己喜欢的动物图片……自己布置"展馆"，自己选择背景音乐，自己组织"展馆"的前言，自己设计版面，自己组织介绍"宠物"的文字材料，自己向前来参观的学生进行解说……这样的实践活动作业是对文本的极好延伸，真正实现了学科间的融合，校内外沟通的大语文理想。

"双减"指引我们给作业科学的定位，将作业活动作为课堂教学的重要组成部分，加以对待和规范，减少繁重的课外作业给学生带来的负担，是体现作业学校优质教育的重要"窗口"、提升教育质量的重要"抓手"、连接教学评价的重要"环节"。

参考文献

［1］教育部办公厅.关于加强义务教育学校作业管理的通知（2021-4-25）.

［2］中共中央办公厅，国务院办公厅.关于进一步减轻义务教育阶段学生作业负担和校外培训负担的意见（2021-8-26）.

［3］中华人民共和国教育部.义务教育语文课程标准（2022年版）［S］.北京：北京师范大学出版社，2022.

情境走进作业，语文与生活同行

翁源县实验小学　肖倩雯

一、结合核心素养，提出作业新要求

《义务教育语文课程标准（2022年版）》提出："教师要综合考虑教材内容和学生情况，设计不同类型的学习任务，依托学习任务整合学习情境、学习内容、学习方法和学习资源，安排连贯的语文实践活动。"因此关注生活场景，反映新时代气息的情境作业应运而生。

二、"双减"背景下，情境作业新特点

过去，语文作业大多是机械性抄写、背诵、做题，学生叫苦连天，熬夜写了一大沓作业纸，结果收益甚少，而且最后把学习语文的兴趣丢了，得不偿失。"双减"政策下，减去了大量重复的作业，也让我们重新思考作业的形式，思考如何提高语文学习的效率。

（一）真实性

语文是一门功能性学科，主要用于表达和沟通。因此，语文文本的理解和学习终究不能脱离情境的真实性，不能离开真实生活学习语文，作业设计也是一样。字词的学习，语段的运用，口语交际，习作表达，最终都是为生活服务的。

（二）趣味性

语文本身是一门趣味十足的学科，只是在实施的过程中，运用了学生不喜欢的方式，导致学生厌学情绪严重。情境作业设计的理念是要让学生乐在其中，乐学无穷。应结合不同年龄的特点，用学生喜闻乐见的方式呈现核心素养的要求。让学生愿意学，有兴趣学。

（三）实用性

小学学科的设置是人生知识体系的基础，都是为后面深造做奠基的。情境作业在设计时应该考虑实用性，学生在完成这次作业之后，能在生活中找到范例或者原型，能把纸笔的学问转化为生活里的真刀实枪，而不仅仅是纸上谈兵。学以致用是学习最快乐也是最高效的方法。

三、利用生活情境，分类设计作业

人的一生也就三天：昨天、今天、明天。我们的学习过程也一样，对于语文作业的设计，围绕着生活的时序，我们可以分为牢记历史、歌颂当下、畅想未来。

（一）怀古

1. 古诗词的学习要结合历史背景

如五年级上《示儿》一课的内容是宋代陆游临终前写给儿子的绝笔诗，诗中表达了陆游的遗愿和爱国之情。学生对于诗句的理解可能更多会停留在字面上和老师的讲解上，自己的感悟不太深。这时，情境作业的设计就可以结合诗人陆游的时代背景，布置学生用自己的方式搜集宋朝的历史，以及宋朝的其他爱国诗，结合这些资料体会作者的心境。

2. 古诗词的学习要具有时代感

如五年级上《少年中国说》是一篇反映清政府腐败无能，驳斥帝国主义野蛮行径的文章，文中的"红日、黄河、潜龙"寓意中国少年的新生。情境作业的布置可结合新时代名人名言："青少年是国家的未来和民族的希望！"或者袁隆平、钟南山等的事迹，让学生设计一张手抄报，并且在班级进行张贴展出。

3. 古诗词的学习要结合自身实际

如四年级上《暮江吟》中："一道残阳铺水中，半江瑟瑟半江红。"凝练又真实地写出了深秋傍晚的江景。这江景，这秋天，唐代如此，今天也如此。这首诗的情境作业不妨让同学们走出家门，漫步江边，仔细观察江边的落日，江水的变化。用绘画的形式画下来，再用工整漂亮的字体书写《暮江吟》，体会秋风中的诗意。

（二）颂今

科技类文章更多地展示科学技术的发展历程，以及给人类生活带来的巨大变化和灿烂前景。学生对于这类文章的学习兴趣浓厚，教师可以抓住机会进行爱国教育。

如四年级上第二单元《夜间飞行的秘密》《呼风唤雨的世纪》是两篇生动有趣的说明文，教师可以启发学生从课文的内容、写法以及得到的启示、联系生活经验等角度提问题。情境作业可以考虑安排一个"我是科技小达人"的交流会，让每个小组的组员都回去搜集与科学技术相关的资料，还可以做成PPT进行展示。让同学之间互通知识有无，增长科技新知识，培养对科学的兴趣，从而增强民族自豪感。

（三）畅远

习作表达要引导学生说真话，流露真情实感。《义务教育语文新课程标准（2022年版）》要求高年级学生会用口头或者书面的方式表达对自然的观察与体验，抒发自己的情感，懂得运用细节描写等文学表现手法描述自己成长中的故事。

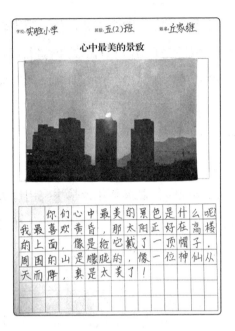

学校：实验小学　　班级：五(2)班　　姓名：立家维

心中最美的景致

你们心中最美的景色是什么呢？我最喜欢黄昏，那太阳正好在高楼的上面，像是给它戴了一顶帽子。周围的山是朦胧的，像一位神仙从天而降，真是太美了！

学校：实验小学　　班级：五(2)　　姓名：王扬

心中最美的景致

太阳即将落山了，太阳悄悄地如空中的晚霞犹如天空飘到了山的后面。美丽的晚霞把挂在空中。五颜天蓝，使人陶醉其中。一层黄，一层紫错天空，湖一层粉，一层紫般的交晚霞合成了水也在晚霞的倒映中与一幅晚霞图，使我感到心旷神怡。

　　五年级上第一单元习作以"那一刻,我长大了"为主题,记录当时的真实感受。学生在以往的表达中羞于说真话,不敢说真话,一部分原因是害怕被嘲笑,还有就是不懂得怎样表达。那么,在情境作业的设计时,就要有一个预设,用关键词开花的形式,先把学生最深刻的感受用一个词概括出来,学生都能迅速说写出来,紧接着追问学生:"什么时候难受/痛哭流涕/兴奋……?"让学生用一句话写下来。最后把这件令学生触动很深的事写出来,要求写100字。层层推进,降低难度,引发回忆。这就是情境,让真实发生,让课堂有笑声,让生活的喜怒哀乐都能与人分享。

　　情境作业的设计要基于文本和学生,其中文本既包含课本也包含课标,目的是让学生们可以通过作业这一支架更好地了解生活,更高效地学习。

参考文献

[1]黄亚芳.创设情境让语文作业更加有效[J].成才之路,2014(11).

[2]高华.唤起情境体验,设计语文作业[J].华夏教师,2018(30).

让作业通电带磁助力教学

——浅谈作业设计存在的问题与优化策略

乐昌市乐城第一小学　杨成娣

作业是常规教学的一个重要环节，是学生内化知识、外化素养的一种方式。教师布置作业水平的高低影响着学生学习的质量，学生对作业的完成情况也反馈出课堂的教学质量，作业的有效度关系着教与学的质量。可现实中却有不少"不谈作业，母慈子孝；一谈作业，鸡飞狗跳"的现象。有老师因为布置作业被学生打电话到教育局投诉的情况。在办公室也常常听到老师们在抱怨学生不交作业，或者是上交的作业质量差。从这些表象中可见学生对作业的态度是反感的，甚至是厌恶，这样的作业态度如果得不到改善，终会使学生厌学，这将成为影响教学质量和学生成长的"致命伤"。在"双减"政策工作的指引下，作为一线语文教师的我注意在教学工作中进行反思、调查研究当前语文作业存在的问题，并积极进行探索实践，紧扣教学目标，针对学生的兴趣点和语文学科的特点优化作业设计，让语文作业通电带磁，吸引学生，让学生爱上作业，利用学生提高教学质量，提升学生素养。

一、当前语文作业设计存在的问题

1. 作业内容比较固化，难易程度"一刀切"，缺少个性化

不少教师没有转变观念，没有认识到学生才是学习的主体，才是学习的主人、作业的主人，简单地将个人意志强加于千差万别、个性鲜明的学生；不少教师只是关注作业的巩固、复习和查漏补缺的功能，没有充分认识到作业和作业设计的重要作用。所以新学一篇精读课文后，教师一般会布置抄写生字，一个字一行，抄完还要听写生字词。这样整齐划一的机械循环反复的抄写，没有考虑学生的具体差异，不管学生是否掌握，是否能够接受，作业设计采用统一要求。这种缺乏差异性的作业没有挑战性，含金量低，长此以往，学生对作业会敷衍了事，前面几个生字是正确的，抄着抄着后面的就错了。这样的作业不仅浪费了学生的时间，还禁锢了学生的思维，使学生认为语文作业就是抄抄写写，有些学生才学到第三课，就把生字抄到第十一课了，抄的生字里有不少是错的，书写也马虎，仅仅是为了完成作业而做作业，慢慢地对学习产生厌倦心理。

2. 作业内容比较零散单一，缺少大单元、跨学科系统化

教师布置作业习惯于课时作业的设计，以课时为基本单位思考作业设计的相关问题，具有一定的片段性、零散性、割裂性。这样的课时作业已经不适应《义务教育语文课程标准（2022年版）》所提倡的学习任务群的学习，对学生核心素养的形成是不利的。在教学过程

中，我发现不少教师在习作教学中就犯了这个毛病，习作教学仅仅是抓住作中指导，作后评改，缺少了作前的观察、引导和积累，这就造成了学生的习作要么内容空洞，要么大话连篇，久而久之，学生习作便困难了，对习作是"谈虎色变"。我听了一节习作课《我的植物朋友》，在引导学生制作记录卡时，谈到油菜花的不同姿态时就是教师一言堂，写的时候，我也瞄了坐在我旁边的学生，看他不动笔，就问他怎么不写，他说不会写，平时没有留意花的样子。我问：老师没有让你们去预习吗？他说预习就是读三遍习作课的内容。

3. 作业评价方式单一，未能因材施教关爱学生

作业的评价大部分是教师单向的评价，学生处于被动的地位，而且，大部分是对学习结果的评价，实施等级评价改革后，A、B、C和D的评价或"有进步""加油"等之类的点评都是以优等生的标准进行的，是那么单一、苍白，没有考虑到学生个体的差异，忽略了不同层次学生的进步，使部分学生失去了学习积极性。对于一些学困生来说，自己已经很努力了，可评价结果还是D，这个D让学生看不到希望，感受不到教师对他的期许，使学生感到沉重和压抑，影响学生的可持续发展。而对于优等生来说，每次评价都仅仅是A，评价不够具体，过于笼统，自己的亮点和不足体现不出来，久而久之，这类学生对老师的评价就会漠视，漠视老师的评价，最终发展成漠视作业，漠视学习，对学生的发展是不利的。

二、优化作业设计，助力师教与生学

发现作业设计中存在的问题，在教学实践中，我有的放矢进行探索，对作业设计进行了优化。

1. 作业设计情境化吸引学生

学习兴趣是学习动机中最活跃的因素，没有兴趣的学习是一种消磨智慧的"苦役"。著名心理学家布鲁纳曾说："学习的最后刺激是对所学材料的兴趣。"所以，现在布置的作业，最好不要是纯学科的作业，它应该是包裹在情境中的学科作业。一旦作业包裹在情境中，又和学生相关，学生才爱做。在教学三年级下册第三课《荷花》时，我通过读一读，画一画，仿一仿的形式让学生有感情地朗读课文第2自然段，边读边想象文中所描绘的三种白荷花的姿态，再仿照着写一种自己喜欢的植物。这样跨学科的综合作业学生喜欢，而且效果很好，这样的练笔是积累与迁移并进，还原了情境，激活了形象，触摸文章语言的优美，提升了学生的情感。仿写时，延伸与变化并进，展示了言语的魅力。

  课文的情境是多样的，教师可以根据教学目标和学生实际设计不同的情境作业，如我在教《守株待兔》时布置了这样一个作业：假如你是《守株待兔》中耕者的邻居，看到每日守在树桩旁的耕者，请结合寓言故事的内容，再联系生活经验劝劝他。要想劝动宋人，学生就要知道他"因释其耒而守株"的起因和结果是什么，为什么他不会再得到兔子及宋国人"笑"的是什么？这一"劝"既帮助学生理解了故事内容，又明白了其中所蕴含的道理，同时还让学生感受到帮助他人的快乐。这个"劝"富有新意，学生做得兴致勃勃，我没有想到一个学生竟然让妈妈打印插图，做得特别用心。

守株待兔（主要内容记录卡）
起因：兔走触株，折颈而死，冀复得兔。
经过：释其耒而守株
结果：兔不可复得，身为宋国笑。

我会对他说：兔子撞到树桩上死掉是很凑巧的事，兔子又不是傻瓜，怎么会天天往树桩上撞呢？你在这里守着，不给庄稼施肥除草，庄稼是不会有好收成的，做还是脚踏实地的，用自己辛勤的劳动获得收获，所以别躺了，努力起来，赶紧去干活吧！

2. 作业设计整体化启迪学生

作业设计的整体化是指教师要正确定位作业的功能，作业不仅仅具备巩固和复习知识、查漏补缺、培优辅差、赢得考试、取得高分的功能，作业更重要的作用是提供学生自主学习、自主探究、自主管理的机会。教师要与时俱进，基于学习任务群的目标，站在单元高度上设计关联性、综合性、递进性和相对独立性的单元作业。在教学三年级下册第一单元"可爱的生灵"时，第一课的古诗和第二课《燕子》的作业设计，我将读、想、画和体会相结合：读着古诗，你仿佛看到了哪些景物？你的眼前仿佛出现了怎样的画面？请简要地画出来。认真读《燕子》一文，边读边想象画面，给每个画面取个名字并规范抄写课文中优美的语句。第三课的作业则是"触摸荷花仙子，寻找最美植物"，让学生有感情地朗读课文第2自然段，边读边想象文中所描绘的三种白荷花的姿态，再仿照着写一种自己喜欢的植物。这样的设计，作业答案是开放的、多样的，顾及学生的个体差异，而且为习作提前铺垫，进行"靶心"式训练。这不仅落实了读文想画的训练，在构图时还领会到作者的写作顺序，体会到课文语言的生动优美，这种把阅读与表达贯穿整个单元的作业设计，让言语实践拾级而上，对学生启发很大，大大降低了习作的难度，很好地落实了单元训练重点，完成了学习任务，培养了学生自主学习探究的习惯。

3. 作业评价创新化愉悦学生

教师不仅要重视作业的设计，同时也要注意评价的激励作用，可谓"良言一句三冬暖"，抑或像一道美味佳肴，需要装盘点缀来增加食客的食欲一般，一些创新的评价可以很好地激发学生参与作业的兴趣。在作业评价中，采用多元的评价主体，尽量把评价的权利还给学生，刺激学生对作业的参与度，采用学生自评，小组互评，老师查评相结合的形式进行。在评价中，我不仅关注学生的学习结果，还关注学习过程，根据学生的实际情况给出激励性的评价，可以是作业评语，可以是课堂的全班表扬，甚至只是一个拍拍学生肩的动作。如对优等生的评语："看你的作业真是一种享受！图美，文章也美，可见上课认真，作业用心，再接再厉！"对学困生的当堂表扬："××同学书写规范多了，说明写作业的态度是认真的，认真就有进步，加油，课堂上认真起来，下次作业会做得更好！"创设条件让每个学生都有成功的愿望，不求"人人得高分，但求人人都成功"，让学生有成功的喜悦感。

作业，从来都不是一个"小问题"，相信教师"以生为本，以学生的发展为本"，基于学生的个体差异，立足教材，紧扣教学目标，兼顾基础知识的巩固与能力的发展，权衡全面发展与因材施教的关系，依据学生的认知特点和教学流程设计的情境化、整体化作业，再配以创新化的评价，定能让作业通电带磁吸引学生，愉悦学生，启迪学生，助力教师的教和学生的学，提升学习效率。

参考文献

[1] 丁燕霞. 让作业在智慧设计中灵动飞扬——小学语文作业设计的问题思考及策略研究 [J]. 华夏教师，2018（21）：90–91.

[2] 赵瑞莲. 作业设计统筹优化的探索与实践 [J]. 小学教学研究，2022（29）：67–68.

[3] 黄洪艳. "双减"背景下的语文单元作业设计优化探究 [J]. 考试刊，2012（52）：37–41.

[4] 宋晓洁. 语文作业的设计与评价 [J]. 文学教育，2022（6）：82–84.

小情境，大语文

——语文核心素养下的情境作业设计

韶关市浈江区犁市镇工程处小学　周梅珍

在传统的教学中，人们往往把作业的功能定位于检查课堂效果的手段，直指考试。作业的形式趋于知识的巩固，作业成了机械、重复、单调的代名词。重复与机械的训练，让学生逐渐变得畏惧写作业，遏制了身心的健康，自由的发展。

在教育理念愈益人性化的今天，作业作为教学的重要组成部分，更应该在设计中发挥学生的自主性、主动性和创造性，让他们在能动的创造性的作业活动中，获取生动、活泼、完满的发展。

《义务教育语文课程标准（2022年版）》中提出："语文课程培养的核心素养，是学生在积极的语文实践活动中积累、建构并在真实的语言运用情境中表现出来的，是文化自信和语言运用、思维能力、审美创造的综合体现。"可见，语文课程的核心素养的建构需要在情境中表现。在"双减"背景下，教师如何从过去单一评价作业的经验主义中走出来，努力设计出能够提升学生核心素养，全面发展学生能力的作业是值得每一位语文老师探究的课题。

实践证明，教师合理地设计情境作业，不仅能够丰富作业形式，还能发展学生的综合能力。情境作业的设计，能给学生带来崭新的作业体验。因为作业形式呈现立体化、实践性、开放性等特征，学生参与作业训练的积极性更高，有助于形成语文核心素养。

一、情境化作业的含义

情境化的作业，就是要把识字与写字、阅读与鉴赏、表达与交流、梳理与探究等作业置于适应它的各种情境之中。强调作业的情境化和项目化，主要目的是在学校的学习和真实的生活之间建立联系。

在我国，课程标准等政策性文件决定了作业的概念与定位。因此，作业在理论上以一定的教育思想为基础，实践中以课程标准为导向。《义务教育语文课程标准（2022年版）》在课程理念中的描述为："义务教育语文课程实施从学生语文生活实际出发，创设丰富多样的学习情境，设计富有挑战性的学习任务，激发学生的好奇心、想象力、求知欲，促进学生自主、合作、探究学习。"

捷克教育家夸美纽斯说："一切知识都是从感官开始的。在可能的范围内，一切事物应尽量放到感官的眼前。"语文学科的学习需要情境的创设。作业作为教学活动的有机组成部分，也需要情境化的创设提高学生对完成作业的积极性，使学习成为快乐的事情。

二、基于语文核心素养的作业设计类型

（一）任务驱动式

任务驱动式指学生在学习的过程中，在教师的帮助下，紧紧围绕一个共同的任务活动中心，在问题动机的驱动下，对学习资源的积极主动应用，进行自主探索和互动协作的学习，并在完成既定任务的同时，引导学生参与一种学习实践活动。

荣维东曾说："真实写作任务情境的工具召唤，真实交际生活中的表达，都是在一定任务情境中开始、进行和结束的。所以作为书面表达的一种方式，写作也必须在一种真实的任务情境中展开。"由此发现，单元习作任务指向学生的学习，在真实的情境中调动情感，引导表达是学生思维留痕的好方式。

例如：四年级下册第五单元习作按照游览顺序写景物特点，指向单元习作"写景状物文"。教师结合学生的年龄以及实际生活体验，设计情境，提示任务。围绕人文主题"自然风光"，我这样创设主题情境：

亲爱的同学，这个单元，我们一起走进了自然风光，跟着巴金爷爷在海上观赏了日出，跟随叶圣陶爷爷走进金华的双龙洞，随着大作家登上天山一睹山巅的风光……我们学会了移步换景观察景物，并用笔描摹景物的特点变化。今天，让我们一起"走进丹霞"，一睹世界5A级风景区的美丽风光，感受大自然的鬼斧神工，相信你用一双慧眼观察，用文字记录，定会收获一路美丽……快快行动吧！	
情境任务一	走进丹霞山大门……
情境任务二	登观日亭……

情境任务三	踏足阳元石……
情境任务四	荡舟锦江……
请你利用周末，与父母一起携手，选择其中一个景点，走一走，看一看，记一记，然后用你学到的本单元的习作方法写一篇"走进丹霞"的游览文章吧！	

通过任务驱动的作业来创设活动情境，用"作业任务单"激活学生的学习主动性、参与性，创新了作业形式，整合学习过程，形成语文能力和素养。

（二）实践操作式

《义务教育语文课程标准（2022年版）》提出："语文是实践性很强的课程，应着重培养学生的语文实践能力，而培养这种能力的主要途径也应是语文实践，不宜刻意追求语文知识的系统和完整。"小学生总是对形象直观、色彩鲜艳的事物特别感兴趣，因此教师可以根据教学内容设计实践操作式的情境作业，让学生在游戏、探索的过程中，感受学习带来的快乐。

例如：在学习统编版小学语文五年级下册第三单元《遨游汉字王国》一单元时，我在周末安排了"探秘汉字"的活动，让学生找最感兴趣的字来探究这个字从古至今的演变，并画出来。之后展示自己的探寻结果并进行展示。学生的绘画能力，探究能力令人惊叹，一些孩子的作业不仅制作美观，而且讲解生动，吸引了同学的注意。趣味性的实践作业不仅锻炼了学生的动手能力、表达能力，也让传统文化在学生的心底生了根。

这一方法还特别适合古诗的学习，我国许多优秀的古诗常常是"诗中有画，画中有诗"，在学习古诗时，可以引导学生根据对文本内容的理解，给诗配画，品悟诗的意境，体会诗人的感情。例如：在学习李白的《望天门山》时，布置学生给古诗配画，学生在古诗配画的过程中加深了对古诗的理解。又如：在教学五年级上册《牛郎织女》的民间故事时，就布置学生为这则民间故事绘制连环画，学生在完成作业的同时，对整个故事也更加清楚了。

有些课文介绍的实践活动非常适合孩子参与。

例如：

《影子》——做做踩影子的游戏

《自选商场》——到商场里去购物

《邓小平爷爷植树》——种植花草树木

《村居》——放风筝

《一分钟》——体验一分钟能做多少事情

（三）亲身体验式

亲身体验式是指在作业设计中创设情境，使学生所学知识与实际感受有机结合，呈献给学生一个看得见、摸得着的教学智慧。这种创新的作业设计，不但能激发学生的学习兴趣，而且为进一步学习提供了一种积极的情感体验，使他们积极主动地投入到学习中去。

例如：在学习课文《中国美食》之后，我让学生回家尝试制作简单的菜，可以画出来，可以捏出来，也可以"炒"出来。从分层作业设计可以看出，基础类题型较为简单，重点在于知识巩固，是所有学生都应完成的内容。

又如，在传统文化节日"端午节"，让学生体验包粽子，吃粽子，戴香囊等习俗。在"冬至"，让学生在家练习包饺子，到校后安排包饺子比赛，请获胜者说一说经验及具体的做法。

"演绎"情境也是体验式的一个范畴，指的是利用文本创造性演绎，达到理解和巩固所学内容的目的，如分角色演读、课本剧编演、情景再现、课文复述等。在教学《观潮》后，让学生当"旅游形象大使"，向同学、家长推荐钱塘大潮或盐官镇。推荐时要求讲清楚"特别之处"，并记录观众分别对"形象大使"和"钱塘大潮或盐官镇"的评价。又如，在教学《猎人海力布》一文时，设置不同的身份讲述这个凄美的故事。再如，教学《赠汪伦》一课，让学生排演古诗情境剧，再现李白即将离开，汪伦踏歌送行的情景……这样的"演绎"情境能调动学生的兴趣，触发个性化的审美价值观，全心参与到改编和"演绎"中，全面历练学生的语文综合素养。

美国著名情境认知研究专家布朗和科林斯认为，学习和思维都是基于情境的，它们不能孤立地镶嵌在个体的大脑之中，而是通过情境中的文化活动或工具发生在人类的大脑中。由此可见，"情境"与学生的思维和学习如影随形，在"双减"政策落地生根的当下，探究情境化作业设计是大势所趋，更是大有所为，我将继续精准把握教材、立足学情、精心设计，让情境化作业更科学，更有效，为学生的全面发展助力。

三、结语

语文的外延与生活的外延相等。情境化作业在传统的作业模式下更注重学生的主动实践、独立思考、积极探究与合理表现，使学生走向社会，走向生活，走向自然，形成语文的意识，培养语文能力。

综上所述，在情境作业的完成过程中，学生的感知体验是新的，有效的情境化作业，能够有效提升学生的学习品质，形成语文核心素养。

参考文献

［1］中华人民共和国教育部.义务教育语文课程标准（2022年版）［S］.北京：北京师范大学出版社，2022.

［2］雷玲.名师作业设计新思维［M］.上海：华东师范大学出版社，2017.

巧设情境作业，提升核心素养

韶关市曲江区城南小学　张文凤

《义务教育语文课程标准（2022年版）》提出："义务教育语文课程培养的核心素养，是学生在积极的语文实践活动中积累、建构并在真实的语言运用情境中表现出来的，是文化自信和语言运用、思维能力、审美创造的综合体现。"学生核心素养的培养依托教学的每个环节，其中作业连接着教与学，作业的布置和完成不仅仅是课堂教学的吸收和提升，更是培养学生核心素养的途径。但是，传统语文作业形式单一、机械冗长，学生对此不感兴趣，作业效率低下，学生的核心素养得不到提升。在"双减"背景下，我们不仅要做到精简作业的数量，还要提高学生的作业质量。小学语文情境化作业更具有直观性、趣味性、生动性。通过设计适当的比赛情境、游玩情境、真实情境，让学生融入语文实践活动中，激发学生参与学习的兴趣，落实核心素养。

一、设置比赛情境作业，激发学生的学习兴趣

小学生活泼好动，好胜心强，平时都爱玩一些富有挑战性的比赛游戏。根据学生的这一心理特点，可以创设一些比赛情境作业，刺激他们的求胜心，激发学生学习的兴趣。如识字竞赛、诵读比赛、讲故事比赛等情境作业。

在小学语文教学中，识字教学是非常重要的，但低年级学生的思维还未成熟，对事物的理解和接受能力有限，如果我们一味向小学生灌输字音、字形、字意，学生很难抓住其中的重点信息，对汉字的记忆效率也会很低。而设置生动有趣的识字比赛作业，可以让学生在轻松、愉快的活动体验中学习汉字。例如，教学完二年级上册《树之歌》后，设置了一个"寻找树家族成员"的情境作业，比一比谁找到的"树家族成员"最多，评出"识字小达人""识字小明星"进行奖励。让学生课后到校园里、公园里或课外书上寻找树的名称，学生把找到的"树名"制成字卡，贴在课室背后的"大树的家"里，每天让学生介绍自己为"大树的家"添加了哪些成员，带领全班同学一起认识汉字。通过创设"寻找树家族成员"的比赛情境，到校园里、公园里认识树牌上的汉字，在课外书上寻找带"木"旁的汉字，学生兴趣浓厚，不仅认识了许多关于树名的汉字，同时把汉字的音、形、意的理解也紧密联系起来了。在低年级的教学中，除了重视学生的课堂识字教学，更重要的是要培养学生在课外独立识字的能力。

除此之外，在中高年级的古诗词教学中，也可以设置比赛情境作业，让学生积累优秀诗文，接受中华传统文化的熏陶。比如四年

级下册第一课《古诗词三首》，三首诗词都是描写春天的景象。可以设计一个以"春之歌"为主题的古诗词诵读比赛，学生在收集、诵读古诗词的过程中，积累了优秀诗文，陶冶了情操，提高了自己的审美情趣。

二、设置游玩情境作业，提升学生的思维能力

爱玩是儿童的天性，让学生在玩中学，学中乐，效果会事半功倍。教师依据文本的特点，抓住学生喜欢玩的心理，布设游玩情境作业，不仅能激发学生主动探究的欲望，还能培养学生的思维能力。

例如，六年级上册《故宫博物院》，是一组非连续性文本，由四份材料组成。学习完后，布设"我是金牌小导游"的作业：以小组为单位，为家人计划故宫一日游，制作一份参观游览路线图；选择一两个景点，游故宫时为家人作讲解。作业一布置，学生热情空前高涨，都想为家庭出游献计献策而认真学习。为了能为家人制作一份游玩故宫的攻略，学生不仅要研读课文，还要上网或在课外书上查找相关资料，学生根据自己的阅读目的，采用不同的阅读方法。此游玩情境的作业设计，既融合美术学科设计参观游览路线图，又结合搜集的资料写一写导游词，学生会根据家人的喜好，选择不同的游览路线和介绍不同的景点特点。游玩情境化作业让同学们觉得作业不再枯燥，同时，学生的阅读能力、思维能力及语言表达能力都得到了提升。

三、设置真实情境作业，提升学生的语言运用能力

《义务教育语文课程标准（2022年版）》课程性质中提道："语

文课程应引导学生热爱国家通用语言文字，在真实的语言情境中，通过积极的语言实践，积累语言经验，体会语言文字的特点和运用规律，培养语言文字运用能力。""语言运用"是语文课程核心素养的基础。学语文就是要扎扎实实学好、练好语言文字的运用。我们要重视学生的语言实践，让学生在真实的语言情境中积累语言，灵活运用语言。"真实的语言情境"可以是模拟的生活情境，也可以是真实的生活情境。学生只有在真实的情境中进行听说读写的语言训练，才不会觉得作业枯燥无趣。有趣的生活情境，拉近了学生与作业的距离，加强了学生的语言实践，提升了学生的语言运用能力。

例如，三年级上册第三单元"语文园地"的"日积月累"，是描写秋天的成语。可以设置"找秋天"的有趣的情境作业：

秋天，是一个充满故事的季节，是一个丰收的季节，也是一个多彩的季节。让我们一起走进秋天，感受落叶缤纷、瓜果飘香的世界。

1. 请你自己动手收集秋天的一片独特的落叶，在落叶的背面附上纸，写上自己本单元积累的关于秋天的优美词句或者描写秋天的古诗，把对秋天的喜爱通过动手实践，变成一张书签，寄托情思。

2. 你找到的秋天是什么样子的？请用"日积月累"中的词语描述你眼中的秋天。

围绕本单元的人文主题"金秋时节"和语文要素"运用多种方法理解难懂的词语"，开展"找秋天"的课外实践活动。学生走进秋天这个真实的生活情境，用多感官感受秋天的美丽。通过制作书签的方式，落实学生对词语的理解；用积累的描写秋天的词语把自己观察到的秋天的样子描绘出来，不仅对学生进行了语言运用的训练，还激发了学生热爱大自然的美好情感。

很多学生害怕写作，除了不知道"怎样写"，还不明白"为什么而写"，这种没有目的的写作，不能激起学生的表达欲望。通过设置一个真实的写作情境任务，就能让学生明白为何而写了。

例如，四年级下册第五单元习作"游"，采用先写后教的方法。先创设一个拟真的情境：

同学们，我们学校与樟市中心小学是共同体学校，下周就有一批樟市中心小学的同学来和我们交流学习，假如让你带他们去参观狮子岩，你会为同学们设计怎样的游览路线？你想重点介绍哪些景物呢？周末和自己的家人和同学先去熟悉一下景点吧。

学生在真实的情境中进行"实地参观—制定游览路线—重点介绍景物"，学生初步运用本单元所学的知识，制定游览路线，设计过渡语，尝试把重点景物写清楚，为习作指导做好了铺垫。

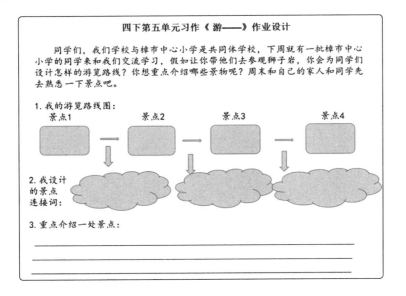

总而言之，作业是课堂教学的延伸，更是训练学生思维和培养学生能力的重要载体。我们需要优化语文作业的设计，注重创设直观、趣味、生动的情境，使作业融趣味与实践于一体，在不同的情境中进行语言的积累与实践，激发学生的作业训练热情，提升学生的核心素养。

参考文献

［1］黄格纯.基于语文核心素养的小学中年级语文课外作业设计研究［D］.南宁：广西师范大学，2022.

［2］中华人民共和国教育部.义务教育语文课程标准（2022年版）［S］.北京：北京师范大学出版社，2022.

下篇
教学实践

遨游童话王国，畅享阅读之趣

——二年级上册"快乐读书吧"《小鲤鱼跳龙门》情境作业设计

翁源县陈璘小学　吴小红

一、课标依据

《义务教育语文课程标准（2022年版）》明确指出：义务教育语文课程培养的核心素养，是学生在积极的语文实践活动中积累、建构并在真实的语言情境中表现出来的，是文化自信和语言运用、思维能力、审美创造的综合体现。

（一）总目标

（1）关心社会文化生活，积极参与和组织校园、社区等文化活动，发展交流、合作、探究等实践能力，增强社会责任意识。感受多样文化，吸收人类优秀文化的精华。

（2）学会运用多种阅读方法，具有独立阅读能力。能阅读日常的书报杂志，初步鉴赏文学作品。

（3）积极观察、感知生活，发展联想和想象，激发创造潜能，丰富语言经验，培养语言直觉，提高语言表现力和创造力，提高形象思维能力。

（二）学段目标

（1）阅读与鉴赏：喜欢阅读，感受阅读的乐趣；借助读物中的图画阅读；阅读浅近的童话、寓言、故事，向往美好的情境，关心自然和生命，对感兴趣的人物和事件有自己的感受和想法，并乐于与他人交流；尝试阅读整本书，用自己喜欢的方式向他人介绍读过的书，养成爱护图书的习惯。

（2）表达与交流：有表达交流的自信心；能较完整地讲述小故事；与他人交谈时自然大方。

二、教材分析

在一年级"读书真快乐"及"读读童谣和儿歌"的基础上，本次快乐读书吧推荐的是"读读童话故事"，由"书目推荐"和"提示语"两部分组成。

"书目推荐"中的童话故事引导学生发挥想象力，推荐了金近的《小鲤鱼跳龙门》，严文井的《"歪脑袋"木头桩》，冰波的《孤独的小螃蟹》，孙幼军的《小狗的小房子》，陈伯吹的《一只想飞的猫》。这些童话都是中国优秀的儿童文学作品，故事新奇有趣，文字浅显易懂，适合二年级学生阅读。丰富的推荐书目让学生自主阅读有了更多的选择空间，能进行更广泛的课外阅读。在推荐书目之后，"提示语"还引导学生借助书名猜测故事的主人公和情节，再进行阅读，激发学生阅读兴趣，同时渗透读书的方法和策略。

本次快乐读书吧的教学要点，一是要"认识书的封面，知道书名和作者"，这是学生认识书的基本常识，可以引导学生拿到书时观察封面，说说自己会关注封面的哪些内容，可以与"书目推荐"中"看书名猜故事"的活动相结合。二是让学生交流爱护图书的方法，认识到爱护图书的重要性，初步养成爱护图书的好习惯。

三、学情分析

《义务教育语文课程标准（2022年版）》第一学段的第一个阅读目标就是"喜欢阅读，感受阅读的乐趣。"统编版小学语文教材，从一年级上册开始就编排了"快乐读书吧"，引导学生掌握了简单的阅读策略。二年级的学生经过了一学年的学习，已经有了一定的阅读兴趣和自主阅读能力。但是学生的阅读水平参差不齐，很多孩子还没有养成良好的阅读习惯，二年级是儿童养成阅读习惯的关键期，也是由图画版的绘本阅读过渡到文字阅读的关键期，教师需要创设阅读情境，通过多种形式的阅读活动指导或引导学生养成阅读习惯。

四、作业目标

根据课标要求、文本特点以及学生的分析，确立二年级上册"快乐读书吧"《小鲤鱼跳龙门》整本书阅读作业目标如下：

（1）学会阅读封面，了解书名、作者、出版社、目录等信息，产生阅读童话故事的兴趣。

（2）在交流中体会小鲤鱼勇敢、坚持不懈的美好品质，在朗读中感受语言的优美，能将自己感兴趣的内容分享给大家，体会阅读的快乐。

（3）学会爱护图书，养成良好的读书习惯。

五、作业设计

（一）教材内容

见教材第15页"快乐读书吧"。

（二）作业内容

亲爱的同学们，欢迎乘坐通往童话王国的列车，一年一度的童话派对就要开始了，你想参加吗？赶紧阅读《小鲤鱼跳龙门》这本童话书，准备迎接挑战获取门票吧！

闯关规则

想要获得门票，需要你闯关集齐三张能量卡，

依次是"封面寻宝"卡、"你读我猜"卡、"欢乐自助"卡，

集齐三张能量卡就能换取门票哦！

1. 封面寻宝师

从《小鲤鱼跳龙门》的封面上，你看到了什么呢？

1. 我从封面上知道了这本书的书名是《 　　　　　　 》。
2. 我知道这本书的作者是 _____，出版社是 _____。
3. 我从封面上知道这本书适合 _____ 年级的同学阅读。
4. 从封面上，我看到了，我猜这本书是关于 _____ 的故事。

2. 故事预言家

发挥你的想象，猜一猜小鲤鱼在寻找龙门的过程中遇到了哪些困难？大胆说一说。

3. 欢乐自助餐

同学们，你们太了不起了，接下来你们可以从以下两道题中任选一道来完成就可以获得最后一张能量卡！

套餐一：

同学们有计划地读完了这本书，书中的精彩故事深深地吸引着我们。书是我们的好朋友，我们要爱护书本朋友，你能给班级的图书角设计一份保护书约定吗？

套餐二：

小鲤鱼们历尽艰辛跳过了龙门，它们非常想念鲤鱼奶奶，想给奶奶寄一张明信片，告诉奶奶龙门后面的全新世界。你能帮小鲤鱼们设计一张明信片，托小燕子带给奶奶吗？

六、设计意图

新课标指出，义务教育语文课程实施从学生语文生活实际出发，创设丰富多样的学习情境，设计富有挑战性的学习任务，激发学生的好奇心、想象力、求知欲，促进学生自主阅读、自由表达；

关注个体差异和不同的学习需求，鼓励做题、多读书、好读书、读好书、读整本书，注重阅读引导，培养读书兴趣，提高读书品位。结合文本特点和学生实际，创设"闯关集能量卡，挑战获取门票"的情境，将阅读封面获取信息、养成爱护图书的好习惯两个要素融入闯关游戏中，在激发学生的阅读兴趣、驱动持续阅读的过程中落实学习目标。同时，关注个体差异和不同的学习需求，设置自助式套餐拓展作业，学生可根据自身实际自由选择作业的内容和形式。

悦读儿童故事，开启神奇之旅

——二年级下册"快乐读书吧"《神笔马良》情境作业设计

翁源县陈璘小学　吴小红

一、课标依据

新课标对于第一学段的阅读目标是这样描述的：喜欢阅读，感受阅读的乐趣；借助读物中的图画阅读；阅读浅近的童话、寓言、故事，向往美好的情境，关系自然和生命，对感兴趣的人物和事件有自己的感受和想法，并乐于与他人交流；尝试阅读整本书，用自己喜欢的方式向他人介绍读过的书。此外，"双减"背景下学生的课外阅读，旨在扩大学生阅读视野，教授学生基本的阅读方法。作为教师的我们要注重阅读环境、阅读氛围的营造，让学生愿意参与阅读；注重阅读内容的讨论、阅读过程的分享，让学生敞开心扉交流阅读的体会和感受，感受课外阅读的快乐，乐于与大家分享课外阅读的成果。

二、教材分析

"快乐读书吧"栏目已经安排了三次，分别是一年级的"读书真快乐""读读童谣和儿歌"以及二年级上册的"读读童话故事"。本次"快乐读书吧"栏目内容是"读读儿童故事"，着重指导学生课外阅读儿童故事类的读物。教材从儿童故事中儿童的特点入手，激发学生阅读儿童故事的兴趣，然后点明了本次"快乐读书吧"的教学要点：要学会看书的目录，这是在二年级上册认识书的封面基础上的进一步提升。提供了目录样例，让学生了解书的目录一般呈现的内容。教材还提示了目录的用处：可以从目录了解书的主要内容，还可以知道要读的内容从哪一页开始。学习伙伴引导交流目录的作用，提示还可以借助目录选书和做读书计划。

三、学情分析

对二年级的学生来说，儿童故事内容贴近生活，生动有趣，容易引起共鸣。但《神笔马良》故事情节曲折，富含夸张的想象和鲜明的对比，故事阅读的难度有所增加。二年级学生的注意力持久的时间大约20分钟，因此，阅读这个较长的故事时，学生在保持持久的阅读兴趣、专注力和持续力方面存在一定的障碍。另外，复述故事具有挑战性。多数情况下，学生会将记忆中最清晰的片段背诵出来，但他们对故事的整体情节以及完整性是缺少建构的，所以，如何使碎片情节形成一个完整的故事是他们的学习难点。

四、作业目标

（1）对阅读儿童故事产生兴趣，能自主阅读自己喜欢的故事，了解故事的主要内容，感受课外阅读的快乐，乐于与大家分享阅读成果。

（2）初步学会看书的目录，能从目录中大致了解书里主要写了什么，要读的内容从哪一页开始。

五、作业设计

（一）教材内容

见教材第15页"快乐读书吧"。

（二）作业内容

假如你有一支神奇的画笔，你想用它来画些什么呢？有一个叫马良的孩子，他得到了一支神笔，故事就这样开始了……接下来，让我们捧起书本，跟随着神笔马良来一次神奇的旅行吧！

1. 第一站

> 通过观察目录，我知道《神笔马良》这本书共有_____个故事，分别是《　　》《　　　》《　　　　》，如果我想看《牧童三娃》这个故事，我应该从第_____页开始看。

2. 第二站

马良的笔神在哪里？马良用神笔为穷人做了哪些好事？用什么办法让坏人受到了应有的惩罚？

3. 第三站

《神笔马良》故事情节曲折，跌宕起伏，请你按照情节发生的先后顺序，画一幅连环画，加上小标题，并借助图画试着用简洁的话讲一讲这个故事。

4. 第四站：（从下面两道题中任选一道完成）

（1）马良用神笔惩治坏人，帮助穷人，实现了自己的理想。假如你也有这样一支神笔，你会用来画什么呢？请你来画一画，写一写吧！

假如我有一支神笔，我要用它 _____

_____

_____

_____

_____

_____

（2）读完这本书，你喜欢故事中的马良吗？为什么？请你设计一张《神笔马良》好书推荐卡，让更多的同学跟随马良一起踏上神奇之旅。

六、设计意图

本次"快乐读书吧"的目标是了解目录的功用，学会利用目录查找阅读内容、制订阅读计划，激发学生阅读儿童故事的兴趣。作业围绕"假如你有一支神奇的画笔，你想用它来画些什么呢？"这一情境展开设计，紧扣神笔"神"在哪里，让学生梳理马良用神笔做了哪些事情，体会马良的人物形象，为下一步的设计个人名片打下基础。借助画连环画的形式，形象地让学生感知故事从开始，经历发展、高潮部分，最后到结束的过程，让学生找到与之对应的情节点，进一步梳理故事。梳理，是为了更好地进行表达，表达也要有支架，那就是概括故事情节、给故事加小标题策略，能使学生更凝练地把握故事的情节发展，为复述故事提供支架。最后的拓展作业是阅读的升华，体现了作业的实践性、趣味性和情境性。

遨游在那奇妙的王国里

——三年级上册"快乐读书吧"情境作业设计

乐昌市乐城第一小学　杨成娣

一、教材解读

统编版小学语文三年级上册第三单元是以童话为主题，选编了《卖火柴的小女孩》《那一定会很好》《在牛肚子里的旅行》和《一块奶酪》4篇童话，旨在引导学生进一步体会童话丰富的想象，帮助学生建立对童话这种体裁的初步认识；"交流平台"则引导学生梳理总结童话的基本特点、童话中丰富的想象及阅读童话的好处；习作要求是"试着自己编写童话"，体现了阅读铺路，由读到写的理念。而"快乐读书吧"则以"在那奇妙的王国里"为主题，安排在本单元的最后，推荐学生阅读《安徒生童话》《稻草人》《格林童话》等经典童话，其目的是进一步激发学生阅读童话的兴趣，在二年级上册"快乐读书吧""读读童话故事"和本册"童话世界"单元基础上整合提升，走进更加广阔的童话世界，养成课外持续读童话的好习惯。

"快乐读书吧"由导语、"你读过吗"、小贴士和"相信你可以读更多"4部分组成。导语描述了4个充满想象而又美好、温馨的画面，旨在激发学生阅读童话的兴趣。"你读过吗"和"相信你可以读更多"通过列举经典故事、展示精彩片段、简要介绍故事内容的方式，引导学生阅读《安徒生童话》《稻草人》《格林童话》。小贴士则提出了本次读书活动的阅读要素：边读边发挥自己的想象，真正领略童话的魅力和把自己融入故事中，设身处地、感同身受地去阅读，和故事中的人物一起欢笑，一起悲伤。

鉴于对教材的解读，"快乐读书吧"我分为导读课、推进课和展示课进行。导读课放在学完《卖火柴的小女孩》之后进行，推进课灵活处理，展示课则放在本单元最后进行。

二、设计理念

本着"以生为本，以学生的发展为本"，立足教材，紧扣教学目标，依据学生的认知特点结合导读课、推进课和展示课的教学流程，权衡全面发展与因材施教的关系，创设丰富多样的学习情境，设计富有挑战性的学习任务，激发学生的好奇心、想象力、求知欲。让学生在练习与评价中获得满足、愉悦和成功的体验，提高学生的语文核心素养，并且对后续学习更有信心。

三、作业目标

（1）依托"连一连""选一选"和"猜一猜"感知童话形象，

享受童话的乐趣，激发阅读兴趣。

（2）借助"画一画""讲一讲"和"做一做"重温童话情节，巩固阅读方法，分享阅读快乐。

（3）通过"比一比""想一想"和"写一写"丰富学生想象，入景入情练表达，领略童话魅力。

四、作业内容

"走近童话名家，阅读童话作品，感知童话形象"—"遨游童话王国，画出故事情节，分享阅读快乐"—"细致比较，用心想象，童话故事我来创"。

（一）基础对对碰

1. 走近童话名家，连一连

《格林童话》	中国	安徒生	《皇帝的新装》
《稻草人》	丹麦	格林兄弟	《小白船》
《安徒生童话》	德国	叶圣陶	《青蛙王子》

2. 阅读童话作品，选一选

（1）《渔夫的故事》里渔夫最后一网打上来的是（　　）。

A. 陶瓷瓶子　　　B. 黄铜瓶子　　　C. 金花瓶子

（2）阿拉丁为了夺回神灯，救出公主，装扮成（　　）。

A. 医生　　　　　B. 车夫　　　　　C. 农夫

（3）经历了黑暗的一夜，看到了一幕幕悲惨的场景，稻草人最后（　　）。

A. 倒在田地中间　　B. 依旧站着　　　C. 深深地弯下了腰

3. 感知童话故事，猜一猜

你说我猜：根据描述，猜猜"他"是谁，出自哪篇童话故事，是谁写的？

4. 想象真奇妙

童话故事中，植物、动物不但和人一样会说话，而且有喜怒哀乐。在童话王国里巫婆可以把小女孩的哥哥变成天鹅，这样的例子还有很多，我还知道在《　　　　》故事中也有相似的事情，真是太奇妙了。

（二）提升跷跷板

1. 遨游童话王国，画一画

童话故事的情节总是那么曲折动人，我们可以借助思维把情节展现出来，让分享故事变得更容易。请画出你映像最深的一个童话故事的思维导图。

2. 绘声绘色讲一讲

根据所画的思维导图，把童话故事讲给家人或同学听。

3. 做一做

《安徒生童话》中，你最喜欢谁？请为他（她）做一张名片吧。

人物：
故事题目：
喜欢的原因：

(三) 智慧摩天轮

1. 我和卖火柴的小女比童年

比的项目	卖火柴的小女孩	我
吃		
穿		
住		
行		
被人疼爱		

2. 做一做

假如卖火柴的小女孩来到我们身边，你会怎么做？

3. 童话故事我来创

读了这么多童话故事，相信你也能写出一篇充满幻想，富有意义的童话了，动起笔来吧！

五、设计意图

本次作业设计以"童话王国游乐园"为话题，设计了"开碰碰车""玩跷跷板"和"坐摩天轮"三个板块，正好对应基础性作业、提升性作业和拓展性作业。主要意图如下：

"快乐读书吧"作业基于单元整体特点出发，围绕童话故事展开，立足课内，联系课外。在"双减"背景下，为学生阅读提供了方向和方法。紧扣语文要素，设计了不同层次的内容，充满趣味，既能提升学生的语文核心素养，又能引导学生在趣味中阅读，进一步了解童话体裁，进一步激发学生阅读童话的兴趣。第一板块"开碰碰车"很基础，让学生直观感知童话内容及其人物形象，感受童话的美和趣。第二板块"玩跷跷板"借助思维导图梳理童话故事的内容或结果，提高学生的思维力。俄国著名作家普希金曾经说过，童话虽然是假的，但是其中的深意可以指引善良的孩子们。我国特级教师李吉林也明确指出童话具有教育性、科学性、幻想性和趣味性，使童话成为教育儿童的有力武器，启迪智慧的有效手段，认识世界的奇异窗口。第三板块"坐下摩天轮"，我依托给童话人物做名片，试着让学生评价人物，训练学生感受美、发现美的能力，再通过创作童话，训练运用语言表现美、创作美的能力，树立正确的审美观念。

作业的实践性、趣味性、创新性提升了学生的核心素养，丰富学生课余生活，在感受课外阅读的快乐的同时鼓励学生分享课外阅读的收获。

六、成果展示

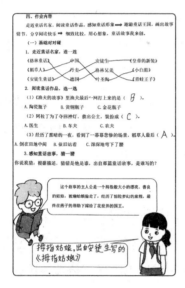

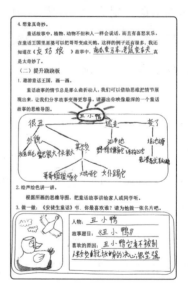

（三）智慧摩天轮

1. 找和卖火柴的小女比童年。

比的项目	卖火柴的小女孩	我
吃	没得吃，饿死；	吃得好，应有尽有；
穿	衣衫褴褛不蔽挨冻；	漂亮的衣服；
住	破房子；	温暖的家；
行	光着脚走；	爸妈用车接送；
被人疼爱	无人疼爱；可怜悲惨；	全家当宝，幸福快乐。

2. 假如卖火柴的小女孩来到我们身边，你会怎么做？

　　我一定会奉出各种各样的爱，人间自有真情高在啊！我会让她免受寒冷之苦，每当冬天来临，寒风呼呼地刮着我会给小女孩穿上厚厚的棉袄，盖上温暖的棉被，我会让她梦想的烤鸭变为现实。一回到家时，桌上摆满丰富的美味佳肴，鱼啦，肉啦，应有尽有。充实度过每一餐。我会让她同我一样生在宽敞明亮的教室中学，玩中学，学中玩。每天都开开心心的。

3. 童话故事我来创。

　　读了这么多童话故事，相信你也能写出一篇充满幻想，富有意义的童话，动起笔来吧！

五、设计意图

　　本次作业设计以"童话王国游乐园"为题，设计了"开碰碰车""玩跷跷板"和"坐摩天轮"三个板块，整好对应基础性作业、提升性作业和拓展性作业。主要意图如下。

小猪开超市

一天，对屁上（课）小猪没有去上学，而是背着零食躺在草地上晒太阳。他一边晒太阳一边吃零食，别提有多舒服了！不一会儿，零食吃完了。小猪忽然产生了一个想法：上学多没意思，不如开个超市吧！既能赚钱，又能吃零食多快乐呀，他想马上行动起来，开了个森林超市。

小兔走进森林超市，要买胡萝卜。小兔问："胡萝卜多少钱1斤？"小猪回答："5角钱一斤。"小兔说："我买8斤。"说完，她拿出5元钱给小猪，小猪找给小兔2元钱。小兔只接过其中一元，叹了一口气，摇摇头，走出了森林超市。

过了几天，小狗走进森林超市，说："我最爱吃骨头了，这骨头怎么卖？"骨头10元1斤，可新鲜了！小狗买4斤，小猪数给小狗50元钱，小狗就给小狗找小狗5元钱。小狗说："你应该找给我10元。"小猪说："你要买就买，可别要赖！"小狗与小猪吵起来："我不买了！连账都算

不过，（以后再）在你的超市买东西！"说完，拿回钱走出了超市。

就这样，没过多久，小猪的森林超市就关门了。小猪哭着把这件事告诉了妈妈，妈妈说："做事要一步一步来。你还是先上学把知识学好，这样才能开好超市。"小猪听了，觉得很有道理，从此再也不过（说）不上学了。

当传统文化碰上直播间

——三年级下册第三单元"综合性学习"情境作业设计

新丰县黄礤学校　吕芳雅

一、教材分析

统编版小学语文教科书三年级下册第三单元以"中华传统文化"为人文主题，编排了《古诗三首》《纸的发明》《赵州桥》《一幅名扬中外的画》四篇课文，综合性学习"中华传统节日"及语文园地等内容。本单元的语文要素是"了解课文是怎么围绕一个意思把一段话写清楚的"，主要在阅读课文中落实。综合性学习要求学生"收集传统节日的资料，交流节日的风俗习惯，写一写过节的过程"。教材在第9课、第10课的课后及语文园地前安排了综合性学习的活动提示，把活动分为了三个阶段：组成小组，分工合作收集资料；小组交流，讨论怎样进行学习成果展示；展示分享，用各种形式展示学习成果。可以看到，综合性学习与相关课文在一个

115

单元，使学生学习时既有课文内容的情境，又可以分阶段、分步骤推进，一定的难度与必要的支撑相结合，形成了循序渐进的学习梯度。

二、学情分析

三年级的学生学习语文有了一定的识字基础和阅读基础，但是还处于自主学习能力较弱的阶段，需要老师的适时点拨与指导，作业也要搭起支架，降低难度。针对本单元语文要素，学生在上学期曾学习过"借助关键语句理解一段话的意思"，因此，本单元要把关注点放在学习表达上。对于综合性学习，学生是首次接触的，教师要提供学习支架，指导学生通过不同渠道收集资料，同时借力教材提供的资源，帮助学生高效实现学习目标，助力学生的语文核心素养在实践活动中能得到整体发展。由于学生存在个体差异，因此，在作业设计中，既要体现基本语文要素的要求，还要照顾到不同层次学生的学习特点。

三、设计思路

《义务教育语文课程标准（2022年版）》（以下简称《新课标》）指出：义务教育语文课程培养的核心素养，是学生在积极的语文实践活动中积累、建构并在真实的语言运用情境中表现出来的。因此，作业设计也要创设真实的情境，让学生在情境中培养核心素养。参照《新课标》的学段要求及学习提示，依托教材，设计了"当传统文化碰上直播间"的情境作业。此情境作业以直播间开展"中华传统文化"专题直播活动为背景，将基础作业、提升作业、拓展作业及综合性学习作业嵌入活动中，情境贯穿整个单元整组作业，学生在完成单元整组作业的过程中，突破了传统作业碎片化的学习模式，以统整的系统学习方式发展思维品质，完善情感价值，形成核心素养。

"当传统文化碰上直播间"单元整组情境作业设计框架：

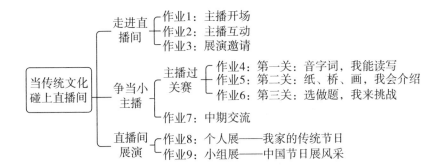

"当传统文化碰上直播间"以"爱上中国节"展演活动为核心活动，分设三项任务，对应综合性学习的三个阶段。任务一：走进直播间，学生在聆听主播的开场白，与主播的互动中完成练习。接着以两周后，"中国印象"直播间将举行"爱上中国节"展演活动为任务驱动，发布综合性学习任务，并提供展演准备单为作业支架，帮助学生组建小组，合理分工。任务二：争当小主播，通过主播过关赛，巩固课堂所学的字词和语文要素，促使学生在真实的语言情境中主动学习。过关赛第一关是基础字词关，第二关是阅读素养关，第三关是选做提升关，体现了作业的多样性和分层性，满足不同层次学生的学习需求，符合国家"双减"政策的标准。接着再次通过表格，帮助学生梳理收集的资料，开展综合性学习的中期交流。任务三：直播间展演，第一个活动是个人展，对应本单元的习作，写一写过节的过程；第二个活动是小组展，借助节目单让展演更有仪式感，情境更真实，鼓励学生采取多样化的形式展示学习成果。最后通过个人习作展示互评表和"爱上中国节"展演评价表，提出修改建议，体现"作学评"一体化。

四、作业目标

（1）巩固本单元的必背内容及生字词，读准多音字。

（2）能根据要求提取重要信息，并能说清楚纸的发明过程；能向他人介绍赵州桥及《清明上河图》。

（3）培养收集、梳理信息的能力，在合作探究中了解中华传统节日的风俗习惯，并用适当的方式进行记录，感受中华传统文化的深厚，激发爱国情感。

（4）能就自己感兴趣的传统节日写一篇习作，写清楚过节的过程。

（5）能以适当的方式展示综合性学习成果。

（6）尝试在学习中发现本土特色传统文化，并用学过的方法向别人介绍。

五、作业内容

作业导语：亲爱的孩子们，本单元的学习恰逢"中国印象"直播间开展"中华传统文化"专题直播活动，我们的单元作业就藏在直播间里，让我们一起去直播间看看吧！

任务一：走进直播间

作业1：主播开场

下面是直播间主播的一段开场白，博学多才的你能把它补充完整吗？

中华民族有着悠久的历史和深厚的传统文化。我们有文房四宝——＿＿＿＿，有雅人四好——＿＿＿＿，也有中医四诊——＿＿＿＿。我们还有诗词中的传统节日：春节到，家家户户贴春联，这种景象让人不禁想到"＿＿＿＿，"；清明节是祭拜祖先的日子，我们常常吟诵杜牧的诗句："＿＿＿＿，"；重阳节，远在他乡的人们格外思念家乡的亲人，不禁吟诵起王维的诗句："，"。弘扬民族精神，传承民族文化。中华民族优秀文化传统推动着人类进步，我们每一位中华儿女都应该学习中华民族优秀文化传统。

作业2：主播互动

主播在直播间提出问题：你家乡有哪些传统节日习俗？引起了粉丝们的热情参与。下面是部分粉丝的评论，你也来说说你家乡的传统节日习俗吧！

粉丝1：我们家乡每年春节都会贴春联、放鞭炮。

粉丝2：我们在春节时还会包饺子、吃年夜饭。

粉丝3：清明祭祖是我们的传统习俗。

粉丝4：我们这里在七夕节还会穿针乞巧呢！

粉丝5：＿＿＿＿＿＿＿＿＿＿＿＿＿＿＿＿＿＿＿＿＿。

请你根据所给信息整理成表格，有关传统节日的资料还有很多，我们还可以通过咨询长辈、查找相关资料等方式，补充表格。

节日	过节时间	节日习俗	我家的特殊节日习俗
春节			
	农历正月十五	赏灯，猜灯谜，吃元宵	
清明节			
端午节	农历五月初五		
	农历七月初七	穿针乞巧	
中秋节	农历九月初九		

"十里不同风，百里不同俗。"你们家乡有什么特殊的节日习俗和其他地方有什么不同的吗？还可以继续补充表格。

作业3：展演邀请（综合性学习第一阶段）

两周后，"中国印象"直播间将举行"爱上中国节"展演活动，邀请你和你的小伙伴们一起参与，快来组队吧！

小组名称		
组长（1人）		
组员（3人以上）		
选择展演的传统节日		
资料收集方式	□查阅文献资料　□查阅视频资料　□实地调研 □采访长辈　　　□网络搜索　　□其他	
资料收集分工		
资料内容	负责组员	记录方式
节日来历		
节日习俗		
过节过程		
节日诗歌、童谣		
其他		

任务二：争当小主播

直播间活动热火朝天，主办方想招一批小主播，闯下关卡，你就能成功竞选！

作业4：第一关：音字词，我能读写

想要做好小主播，既要把字音读准，也要把一字一词写好，请你根据语境给加点字选择正确的读音，并根据拼音提示正确书写字词。

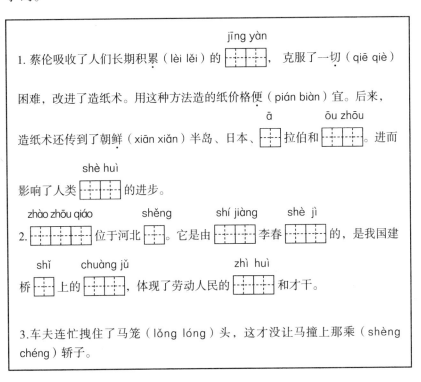

1. 蔡伦吸收了人们长期积累（lèi lěi）的 ⬚⬚（jīng yàn），克服了一切（qiē qiè）困难，改进了造纸术。用这种方法造的纸价格便（pián biàn）宜。后来，造纸术还传到了朝鲜（xiān xiǎn）半岛、日本、⬚（ā）拉伯和 ⬚⬚（ōu zhōu）。进而影响了人类 ⬚⬚（shè huì）的进步。

2. ⬚⬚⬚（zhào zhōu qiáo）位于河北 ⬚（shěng）。它是由 ⬚⬚（shí jiàng）李春 ⬚⬚（shè jì）的，是我国建桥 ⬚（shǐ）上的 ⬚⬚（chuàng jǔ），体现了劳动人民的 ⬚⬚（zhì huì）和才干。

3. 车夫连忙拽住了马笼（lǒng lóng）头，这才没让马撞上那乘（shèng chéng）轿子。

作业5：第二关：纸、桥、画，我会介绍

"中国印象"直播间为此次中华传统文化主题开设了不同内容，为粉丝们介绍中国古代的科技成就、历史文化遗产、名画名作等，能不能胜任小主播，就看你的了。（温馨提示：在介绍的时候可以用上我们在课文中学习的，先总说后分说的叙述方式哦。）

（1）学了《纸的发明》一课，我们了解了纸的发明过程，请你借助图示，向直播间的观众们介绍纸的发明过程。

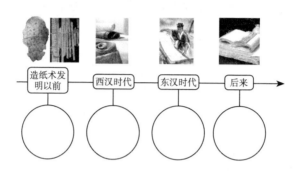

（2）今天，直播间来到了户外取景，你瞧，这就是文中的赵州桥，请你写一段导游词，带领线上的观众们观赏这伟大的建设，你可以用下面的提示词。

世界闻名　雄伟　创举　美观

（3）中国古代不仅有伟大的发明与建设，还有名扬中外的名画，你能向观众们介绍一下《清明上河图》吗？可以用"有的……有的……有的……"的句式。

```
┌─────────────────────────────────────────────┐
│                                               │
│                                               │
│                                               │
│                                               │
│                                               │
│                                               │
└─────────────────────────────────────────────┘
```

作业6：第三关：选做题，我来挑战

为了竞选出更优秀的小主播，我们设了三道选做加分题，你可以从中选择自己感兴趣的题目完成。快来挑战吧！

（1）你了解到了哪些科技成就和历史文化遗产？试着给它们制作名片卡吧。

```
┌──────────────────────┐   ┌──────────────────────┐
│ 科技成就（    ）名片卡  │   │ 历史文化遗产（    ）名片卡│
│  ┌────────────────┐  │   │  ┌────────────────┐  │
│  │                │  │   │  │                │  │
│  │                │  │   │  │                │  │
│  └────────────────┘  │   │  └────────────────┘  │
│  发明者：            │   │  诞生时间：          │
│  发明时间：          │   │  所在地：            │
│  作用与意义：        │   │  文化与意义：        │
└──────────────────────┘   └──────────────────────┘
```

（2）文化遗产是历史留给人类的财富，快与观众们分享你家乡的文化遗产，再选一项用上总分的叙述方式介绍一下。

```
┌───────────────────────────────────────────────┐
│ 我的家乡在，我们家乡的文化            ┌─────────┐ │
│                                      │         │ │
│ 遗产有很多，比如_____。           │         │ │
│                                      └─────────┘ │
│ 其中，我最喜欢的是_____。                      │
└───────────────────────────────────────────────┘
```

（3）直播间的观众们正在分享自己的家乡传统节日的美食制作过程，你也来参与吧！试着学习《纸的发明》一课，先做出流程图，再口头介绍制作过程。作业可以录下视频提交。

（　　　）→（　　　）→（　　　）→（　　　）→（　　　）

作业7：中期交流（综合性学习第二阶段）

你们小组的展演准备得如何？相信你已经收集了不少资料，小组内交流一下。

我收集的相关资料	
展演形式（可多选）	□讲故事　　□手工制作　　□写春联　　□诗歌朗诵 □节日手册　□手抄报　　　□小剧场　　□唱歌 □其他
还需补充的资料	

任务三：直播间展演（综合性学习第三阶段）

"爱上中国节"展演活动即将要开始，此次展演分为"个人展"和"小组展"两个环节。

作业8：个人展——我家的传统节日

选一个传统节日，写一篇习作（自备稿纸）。可以写一写过节的过程，也可以写过节发生的趣事。借助思维导图构思，文章脉络更清晰。

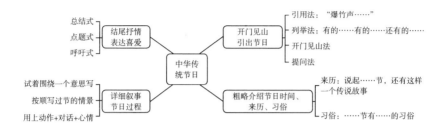

写好之后，在小组内朗读习作，组内依据评价标准，互相评价。

个人习作展示互评表：

内容	评价标准	
过节的过程	能写清楚一家人一起过节的过程。	☆ ☆ ☆
节日的习俗	能写清楚过节的习俗。	☆ ☆ ☆
印象深刻的事	用上动作、对话、心情写清楚。	☆ ☆ ☆

作业9：小组展——中国节日展风采

展演开始之前，班级商议好节目顺序，制作一个节目单。展演后，评一评哪个小组的活动开展得好。

"爱上中国节"展演节目单：

序号	节目名称	节目类型	汇报人

"爱上中国节"展演评价表：

内容	评价标准	
参与度	小组成员人人参与活动，互相合作	☆ ☆ ☆
自信心	小组成员展示时态度大方，充满自信	☆ ☆ ☆
形式	形式多样，有创意	☆ ☆ ☆
质量	内容丰富，介绍清楚	☆ ☆ ☆

六、设计意图

（1）夯实基础，突破音、字、词及背诵关。作业1让学生在语境中填出有关中华优秀传统文化的四字词语和《古诗三首》所学的诗句，既检查了学生的理解与运用情况，又强化了学生的背诵与积累。作业3能让学生在语境中加强练习、积累，从音、形、义多维度掌握字词。

（2）加强指向阅读能力的语文要素的训练。作业5引导学生运用学到的方法梳理纸的发明过程、写介绍词，通过借助关键词、关键句的方法，让学生学习围绕一个意思写一段话的方法，体会课文写法，进一步明确单元语文要素，为单元习作做准备。

（3）拓展延伸，增加积累，增广见闻。作业6是为学有余力的学生设计的选做题，结合课后习题的选做题设计了为科技成就和历史文化遗产做名片卡、介绍家乡文化遗产和家乡传统节日美食制作过程，一方面，有助于提升学生的信息收集能力，巩固所学的表达方法，学以致用；另一方面，可以依托本土资源，发展学生的纯真表达，激发学生热爱家乡的情感。

（4）借助作业支架，落实综合性学习。在本单元的作业设计中，多处添加了观众这一角色，让作业不是单一的输出，更有互动性，培养了学生的读者意识。作业中，有的提供学习策略、表格支架和思维导图支架，为答题规划路径，有的提示学生表达方式，有助于学生有条不紊地开展学习，积极主动地进行建构。作业3、作业7和作业8、9是在"展演"这一个真实情境中，逐步落实综合性学习的三个阶段。

读神话故事，做文化传承人

——四年级上册"快乐读书吧"情境作业设计

韶关市曲江区城南小学　张文凤

一、教材解读

统编版语文教材四年级上册第四单元以"神话故事"为主题，编排了四篇中外著名神话和"快乐读书吧"。"快乐读书吧"以"很久很久以前"为导语引导学生拓展阅读中外神话。这是本册神话单元的拓展与延伸，目的是引导学生进入更广阔的神话世界，进行大量的阅读实践，感受神话中魅力无穷的神奇想象，感受更多性格鲜明的神话人物形象，了解祖先在探索和改造世界过程中对大自然的独特解释、美好向往，进一步激发学生阅读神话的兴趣。

本单元的语文要素有三点：①了解故事的起因、经过、结果，学习把握文章的主要内容。②感受神话中神奇的想象和鲜明的人物形象。③展开想象，写一个故事。为进一步激发学生阅读神话的兴趣，引导他们感受神话故事的魅力，我精心设计"读神话故事，做文化传承人"主题情境化作业，指导学生基于真实的情境任务进行作业练习，并逐步达成阅读与表达能力的提升。

二、作业设计目标

（1）产生阅读中国神话的兴趣，自主阅读相关作品，了解故事内容。

（2）边读边想象，感受中国古代神话故事的神奇魅力，让学生从中了解中国悠久的历史、灿烂的文化、古老的文明。

（3）能感受阅读神话故事的快乐，乐于与大家分享课外阅读的成果。

三、作业内容

创设情境：神话，永久的魅力，人类童年时代沸腾的幻想；神话，藏着无穷无尽的奥秘和经历风沙的智慧；神话，是一个国家和民族宝贵的精神财富。五千年的积淀，造就了我国丰富多彩的神话故事。为让这一珍贵的文学创作传承与发扬，我们学校将进行"寻找神话故事文化传承人"的活动，你想不想去试一试呢？当然，要想成为神话故事文化传承人，可不是一件简单的事！我们要将"快乐读书吧"推荐的中国神话故事运用到每个主题活动中，完成每一站的学习任务，并得到相对应的文化传承章。接下来，让我们一起来完成挑战！

主题一："寻找文化传承人"之"神话故事阅读计划"

"凡事预则立，不预则废。"同学们，要想成为神话故事文化传承人，首先要学会做计划，请你根据自己的实际情况做一个探秘神话阅读计划。

《中国神话故事》阅读计划表			
阅读时间	神话故事名称	神话人物	完成情况

每完成一次阅读任务，记得在完成情况栏里画一颗⭐，或一朵🌸。

恭喜你，获得了

主题二："寻找文化传承人"之"探秘神奇情节"

（1）我会记录：神话故事之所以充满魅力，在于它神奇的想象。请你在阅读记录单上记录阅读《中国神话故事》时那些丰富奔放、瑰奇多彩的神奇情节。

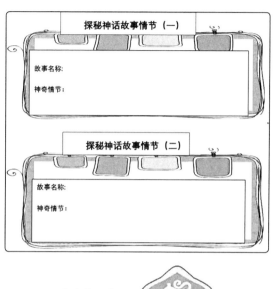

恭喜你，获得了

（2）我来讲故事：神话故事情节跌宕起伏，你还可以用故事梯、故事山等形式梳理书中的其他神话，并借助故事梯、故事山把你喜欢的故事讲给同学们听。

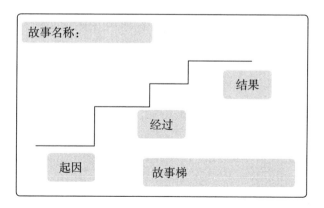

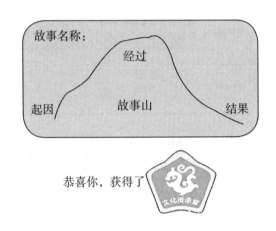

恭喜你，获得了

主题三："寻找文化传承人"之"探秘神奇人物"

（1）中国神话故事中涌现了许许多多鲜活的人物。这些人物特点鲜明，栩栩如生，有的充满智慧，有的造福人类，有的不怕困难、英勇无畏……请你结合书中的故事，完成下面的神话人物英雄榜。（填写人名）

神话人物英雄榜

| 智慧 | 勇敢 | 奉献 | |

恭喜你，获得了

（2）在阅读中国神话故事时，你一定对某一些人物印象深刻——或许是有超凡的能力，或许是有奇特的长相，或许是有可贵的品质……请你用思维导图把神话人物的神奇之处表现出来；或者做一张神话人物介绍卡，把你印象深刻的人物画下来并写上他的神奇之处。

主题四："寻找文化传承人"之"探秘神奇想象"

故事的过程中，相信你们也发现了神话故事中很多神奇的想象了吧？我们对这些神奇的描写可以进行摘录、积累，并写写自己的感受。厉害的同学还可以发挥想象自己创作！

例子：天每天升高一丈，地每天加厚一丈，盘古的身体也跟着长高。

盘古的身体居然能跟着天地一起长高，真是太神奇了。

会积累：＿＿＿＿＿＿＿＿＿＿＿＿＿
＿＿＿＿＿＿＿＿＿＿＿＿＿＿＿＿＿

会想象：＿＿＿＿＿＿＿＿＿＿＿＿＿
＿＿＿＿＿＿＿＿＿＿＿＿＿＿＿＿＿

恭喜你，获得了

主题五："寻找文化传承人"之"创写神奇故事"

同学们，通过阅读《中国神话故事》我们认识了许多神话人物，你最喜欢哪个神话人物？假如有机会和他生活一天，会发生什么神奇的故事呢？根据下面的小提示构思你们的故事吧！

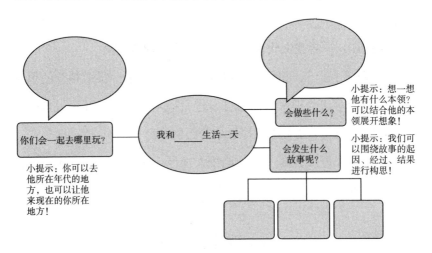

你可以先和同学们说一说，交流一下，再把这个故事写下来。写完后还可以听听同学们的意见，然后认真修改！

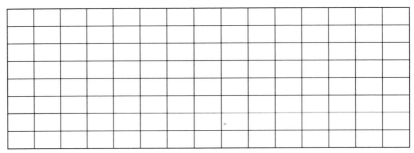

恭喜你，获得了

结束语：

同学们，恭喜你们成功完成所有学习任务。通过自己的努力，你们也获得了"文化传承章"，有机会可以成为"神话故事"文化传承人了。在以后的学习与生活中，希望你们继续发扬善读、会学、敢想、能创的学习精神，发现我们国家优秀的传统文化，一路学习、传承、推广。

四、设计意图

《义务教育语文课程标准（2022年版）》"整本书阅读"学习任务群第二学段第三个要求是"阅读中国古今寓言、中国神话传说等，学习其中蕴含的中华智慧，口头或书面分享自己获得的启示。"为了更好地促进学生整本书的自主阅读，让学生深刻地感受中国神话故事的神奇，也为了更好地落实"双减"政策，推动作业改革，培养学生的语文核心素养，本次作业设计的是统编语文教科书四年级上册第四单元"快乐读书吧"推荐书目《中国神话故事》整本书阅读。我精心设计"读神话故事，做文化传承人"的情境，分五个主题层层推进，落实本单元的语文要素。主题一："寻找文化传承人"之"神话故事阅读计划"，指导学生制订阅读计划；主题二："寻找文化传承人"之"探秘神奇情节"，主要是借助记录表、故事梯、故事山等多种形式梳理故事情节，学习把握文章的主要内容；主题三："寻找文化传承人"之"探秘神奇人物"，通过给人物归类，找人物的神奇之处，感受神话中鲜明的人物形象；主题四："寻找文化传承人"之"探秘神奇想象"，主要是对故事中神奇的描写进行摘录、积累、仿写，训练学生语言的积累与运用；

主题五："寻找文化传承人"之"创写神奇故事"，此环节把阅读与写作紧密地结合起来，做到读写结合。本作业设计以任务驱动的方式，让学生边阅读边探究，了解祖先在探索和改造世界过程中对大自然的独特解释和美好向往，深入感受中国神话故事的神奇想象和鲜明的人物形象，激发学生热爱中国传统文化，增强学生的文化自信。

五、作品展示

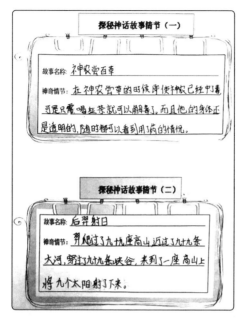

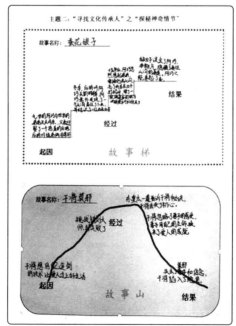

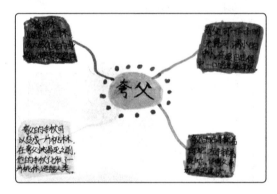

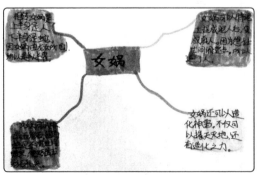

主题四："寻找文化传承人"之"探秘神奇想象"

故事的过程中，相信你们也发现了神话故事中很多神奇的想象了吧？这些神奇的描写我们可以进行摘录、积累，并写写自己的感受。厉害的同学还可以发挥想象自己创造！

学例子：天每天升高一丈，地每天加厚一丈，盘古的身体也跟着长高。

> 盘古的身体居然能跟着天地一起长高，真是太神奇了。

会积累：绣龙猛然一抖，活了！他忽地腾空而起，在巧妹头上盘旋，最后落到白龙溪里去了。

> 绣龙仅是被抖了几下，就成真的了，还在空中飞，真是令人震惊。

会想象：条龙飞进了一泉水里，它化为水，每过一年，它的灵魂就会长大，水也随之变多。

139

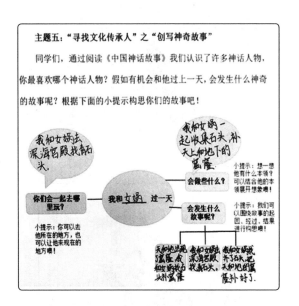

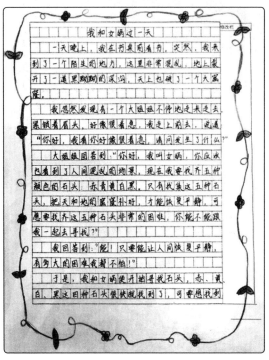

140

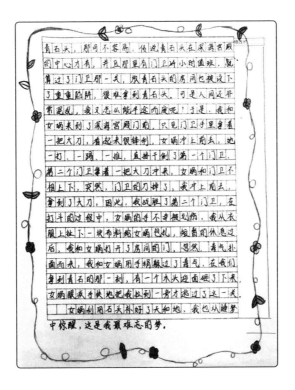

青石头，那可不容易。传说青石头在采娄宫殿的中心才有，并且那里有几个小时值班，就算过了门卫那一关，藏青石头的房间已被设下了重重陷阱，很难拿到青石头。可是人间还非常混乱，我又怎么能半途而废呢！于是，我和女娲来到了采海宫殿门前，只见门卫手里拿着一把大刀，看起来很锋利，女娲冲上前去，她一打、一踢、一推，直接干倒了第一个门卫。第二个门卫拿着一把大刀冲来，女娲和门卫不相上下，突然，门卫的刀掉了，我冲上前去，拿到了大刀，因此，我战胜了第二个门卫。在打斗的过程中，女娲的手不幸被划伤，我从衣服上扯下一块布料给女娲包扎，短暂的休息过后，我和女娲打开了房间的门，忽然，毒气扑面而来，我和女娲用手捐躲过了毒气，在我们拿到青石的那一刻，有一个木头迎面砸了下来，女娲眼疾手快地把我拉到一旁才逃过这一关。

女娲利用石头补好了天和地，我也从睡梦中惊醒，这是我最难忘的梦。

读科普作品，寻科学奥秘

——四年级下册第二单元"快乐读书吧" 情境作业设计

韶关市曲江区城南小学　张文凤

一、教材解读

四年级下册"快乐读书吧"主题是"十万个为什么"，引导学生阅读科普作品，这是对本册"科普"单元的拓展和延伸，旨在指导学生用已掌握的阅读方法，引导学生尝试阅读整本科普作品，能够进一步拓宽学生的阅读面，激发学生对科学的兴趣，引发他们在阅读中丰富自己的科学知识，发展科学思维，提高科学素养。苏联作家米·伊林的《十万个为什么》采用屋内旅行记的方式，对日常生活中普通的事物提出了许多意想不到却饶有兴趣的问题，用浅显易懂、富有启发性的道理进行解释。作品涉及的知识贴近生活，符合儿童的认知，非常适合四年级学生阅读。四年级的学生自觉性有所增强，学习能力伴随着生理的发育和心理素质的完善，逐步发展起来，已能学习运用归纳、演绎、类化和对比推理的思维方法，富有创造力。

基于以上分析，本次作业设计将学习置于真实情境中，开展"参观十万个为什么科技馆"的活动，将学习任务贯穿课内外阅读。

二、作业设计目标

（1）能产生阅读科普作品的兴趣，自主规划阅读。

（2）能提出不懂的问题，并运用多种方法解决。

（3）能感受阅读科普作品的乐趣，乐于与大家分享课外阅读的成果。

三、作业内容

导语：亲爱的同学们，第二单元的学习肯定为你们打开了一扇自然科技的大门。这位是"马坝人"先生，他是一位资深的科普知识讲解员，它邀请我们去"十万个为什么科技馆"打卡参观。

1. 走进"科技馆"

（1）说一说：《十万个为什么》的作者是_____（1896-1953年），他是我国读者十分熟悉的苏联著名科普作家、工程师、儿童文学作家。

（2）做一做：联系实际制订个人阅读计划。

翻看这本书的目录，我发现这本书表达的视角非常有趣，如作者开篇就写_____，围绕这一"旅行"一共写了_____站。

《十万个为什么》阅读计划：

143

阅读时间	阅读内容	评价（得 😊）

2. 参观"科技馆"

（1）同学们，屋内旅行记我们总共参观了6个站点，你还记得他们的顺序吗？请你试着画一画路线图。

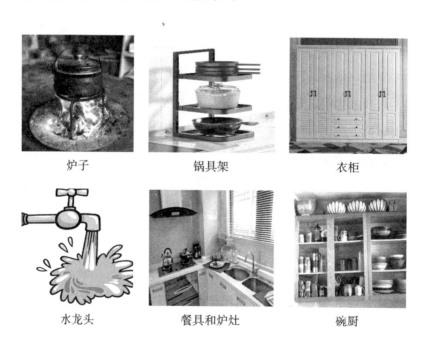

炉子　　　　　　　　锅具架　　　　　　　　衣柜

水龙头　　　　　　　餐具和炉灶　　　　　　碗厨

这个问题一定难不住大家，看，我已经画出第一条路线了，剩下的看你们!

（2）考考你。听说你们读书可认真了，让我来考考你们。准备好了吗?

第一关：选择题

1. 读了《十万个为什么》我知道构成人体最主要的物质是（　　）。

A. 水　　　　　　　　　　　　B. 白质

C. 脂肪

2. 同样的衣服面料，是穿三件衬衣暖和，还是穿一件相当于三件衬衣厚的衣服暖和（　　）。

A. 穿三件衬衣暖和　　　　　　B. 一样暖和

C. 穿一件相当于三件衬衣厚的衣服暖和

3. 是（　　）让我们比以前的人更加健康强壮。

A. 肉　　　　　　　　　　　　B. 水和肥皂

C. 蔬菜　　　　　　　　　　　D. 维生素

4. 一条蚕从孵出来到吐丝结茧，要吃掉约（　　）桑叶?

A. 3千克　　　　　　　　　　B. 0.3千克

C. 0.03千克　　　　　　　　　D. 0.003千克

第二关：判断题

1.《十万个为什么》的作者是苏联的米·伊林。（　　）

2. 自从有了人类也就有了自来水。（　　）

3. 冬天，室外的自来水管爆裂是因为水管里的水结成了冰。（　　　）

4. 冬天的时候，把树干下部刷白是为了让大树减少吸收阳光的热量。（　　　）

5. 啤酒瓶打开时滋滋作响是因为大量氧气形成的气泡跑出来了。（　　　）

6. 夏天不适合穿毛呢衣服。（　　　）

7. 我们喝的茶属于草类。（　　　）

每人制作一张问答题卡，考考你的小伙伴吧。（正面提出问题，背面提供答案）

3. 科普我实践

（1）科普讲座我争先。（限时三分钟讲解一个科学知识）

（2）科学实验试钻研。（实验过程拍照或录视频，限时两分钟讲解实验原理）

（3）科普小报我推荐。（请你把《十万个为什么》推荐给更多的人）

（1、2项为选做题，二选一即可，3项为必做项。）

四、设计意图

本单元的阅读训练要素是"阅读时能提出不懂的问题，并试着解决"。这个训练要素实际上是培养学生的问题意识和提问能力，并在此基础上能试着去解决问题。推荐阅读米·伊林的《十万个为什么》时，我创设"参观十万个为什么科技馆"的情境，激发学生阅读科普作品的兴趣。读书时，设置"考考你"的活动可以激发学生探索欲，而"制作科普问答卡"来考考身边的小伙伴，更是激发孩子的阅读科普作品的兴趣与解决问题的思维能力，有利于培养他们爱问善思的习惯。读完后的"科普讲座我争先""科学实验试钻研"能让学生就自己感兴趣的问题进行研究、实验，培养学生动脑思考、解决问题的能力。开展多元的语文实践活动，让学生爱上科普阅读，感受阅读科普作品的乐趣，乐于与大家分享课外阅读的成果。

五、作品展示

走进"科技馆"

《十万个为什么》阅读计划

阅读时间	阅读内容	得☺
2月13日～2月15日	屋内旅行记	☺
	炉子、水龙头、餐具和炉灶、锅具架、碗厨、衣柜	☺
2月16日	奇妙之旅	☺
	它们从什么地方来？遨游原子世界	☺
2月17日～2月18日	灯的故事	☺
	没有灯的街道、路灯亮了、天然气灯和煤油灯	☺
	不用火的灯、不热的灯光	☺

参观"科技馆"

同学们，屋内旅行记我们总共参观了 6 个站点，你还记得它们的顺序吗？请你试着画一画路线图。

这个问题一定难不住大家，看，我已经画出第一条路线了，剩下的看你们喽！

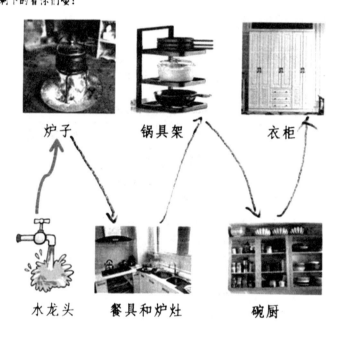

炉子　　　锅具架　　　衣柜

水龙头　　餐具和炉灶　　　碗厨

考考你

听说你们读书可认真了，让我来考考你们。准备好了吗？

第一关：选择题

1. 读了《十万个为什么》我知道构成人体最主要的物质是（A）。

　　A. 水　　　B. 白质　　　C. 脂肪

2. 同样的衣服面料，是穿三件衬衣暖和，还是穿一件相当于三件衬衣厚的衣服暖和（A）。

　　A. 穿三件衬衣暖和　　　　B. 一样暖和

　　C. 穿一件相当于三件衬衣厚的衣服暖和

3. 是（A）让我们比以前的人更加健康强壮。

　　A. 肉　　　B. 水和肥皂　　C. 蔬菜　　　D. 维生素

4. 一条蚕从孵出来到吐丝结茧，要吃掉约（C）桑叶？

　　A. 3千克　　　B. 0.3千克　　　C. 0.03千克　　　D. 0.003千克

第二关：判断题

1. 《十万个为什么》的作者是苏联的米·伊林。　（✓）

2. 自从有了人类也就有了自来水。　（✗）

3. 冬天，室外的自来水管爆裂是因为水管里的水结成了冰。（✓）

4. 冬天的时候，把树干下部刷白是为了让大树减少吸收阳光的热量。　（✓）

5. 啤酒瓶打开时滋滋作响是因为大量氧气形成的气泡跑出来了。（✗）

6. 夏天不适合穿毛呢衣服。　（✓）

7. 我们喝的茶属于草类。　（✗）

恭喜你，闯关成功！现在你可以去考考你的小伙伴了。

猜猜卡片

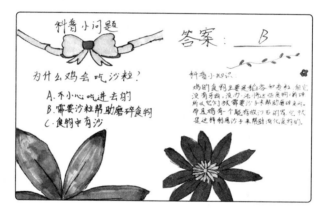

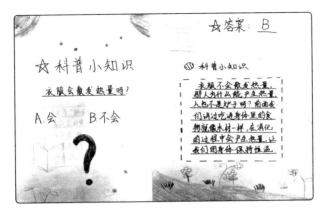

科普小报

轻叩诗歌大门，畅游诗意人生

——"双减"背景下四年级语文下册第三单元情境作业设计

翁源县龙仙第四小学　曾育红

一、设计理念

2021年7月，我国提出"双减"政策，其具体指：教师应该做到在降低作业数量的同时保证学生的学习质量。

据《义务教育语文课程标准（2022年版）》，义务教育语文课程实施从语文生活实际出发，创设丰富多样的学习情境，设计富有挑战性的学习任务，激发学生的好奇心、想象力、求知欲，促进学生自主、合作、探究学习。创设真实而富有意义的学习情境，凸显语文学习的实践性。

所谓情境体验式的语文学业活动，就是指教师在设计语文学业活动中，自然而然地引入生活内容和关注学生已有经验，将语文作业和现实生活、已有经验联系起来，从而使作业情境生活化——反映生活，使作业内容生活化；走向生活，使语文实践生活化。

同时，新课标也明确指出，语文学习情境源于生活中语言文字运用的真实需求，服务于解决现实生活的真实问题。作业设计中有一个关键的节点就是"问题"。教师需要有意创设问题教学环境，把问题放置在情境之中。"问题"情境化属于个人体验情境范畴，创设这样的情境，目的是引导学生激发内在学习的主动性以及对过往学习经验的有意识梳理。

因此，"双减"政策的出台和新课程标准的颁布均为教师在设计作业时指明了方向。情境作业设计就是在"双减"的基础上，以课程标准和教学要求为依据，结合学生的学情，根据真实的情境而创设。本单元作业设计把课文学习、综合性学习统整为有梯度的项目式学习任务，依托多个情境活动逐层递进，依次设计诗意畅读、诗海拾贝、踏浪诗海、诗歌荟萃和诗歌朗诵的活动，让单元作业成为学生学习活动的有效支架，引导学生饱含兴趣地在丰富的语言情境中感受现代诗之美，激发学生热爱祖国语言文字的情感。

二、教材分析

统编版小学语文四年级下册第三单元课文呈现形式为现代诗，它们具有饱含情感、想象丰富、语言表达独特等特点。在这一单元，要求学习了解现代诗的特点，并体验它们所传递的情感。在这个单元中，我们将进行一系列综合性学习活动，其中"轻叩诗歌大门"是学习主题。本单元要求根据需要收集相关资料,并学习如何进行有效的整理和编辑。在教学中,可以将诗歌学习和综合性学习的启动、推进与展示有机整合起来。

三、学情分析

四年级的学生在过往的学习和生活中已经大量接触了现代诗歌,但对现代诗歌还未有过系统的学习。本单元的诗歌朗朗上口,容易激发学生的阅读和创作兴趣。四年级的学生已经具备了良好的实践技能,通过多种形式的课外活动,他们可以更好地体验语文学习的乐趣,并且在不同的情境中发挥出最大的潜力。

四、作业目标

(1)通过任务驱动激发学习兴趣,展开"轻叩诗歌大门"项目化学习。

(2)能通过朗读和借助关键词句,体会诗歌的韵味和诗人的情感。

(3)能初步体会现代诗的一些特点,并尝试仿写小诗,自由创作现代诗,并能与同学交流。

(4)能对自己收集的诗歌进行整理,与同学合作编成小诗集。

(5)合作举办诗歌朗诵会,用合适的语气朗读,表情、体态自然大方。

五、作业内容

1. 作业内容概览

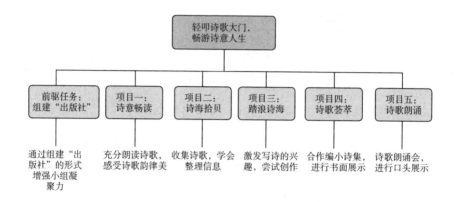

2. 前驱任务

学生六至八人一组，自由结队成立"小小出版社"。

同学们，本单元"轻叩诗歌大门，畅游诗意人生"项目学习即将开始。在本单元的学习中，人人都可以化身小诗人，成为小编辑，出版属于你们的诗集。为了更好地开展活动，请同学们以六至八人一组，自由结队成立"小小出版社"。每位出版社成员都要肩负一定的职责，为你们的出版社取个名字，填写好职责表，按部就班地分头行动吧！

出版社名称	
出版社成员	
出版社理念	
主编	

插画师	
誊抄员	
资料员	
编辑	

设计意图：前驱任务旨在组建"小小出版社"，通过定出版社名称、出版理念和明确各人分工的形式增强小组凝聚力。通过让学生自主组队，明确各自的职责，激发他们的团队协作精神，培养他们的合作意识和人际交往技巧，为他们未来的项目化学习打下坚实的基础。

3. 出版社项目一：诗意畅读——《短诗三首》《绿》《白桦》《在天晴了的时候》

（1）有感情地朗读课文，体会现代诗的韵味。

我们出版社成员每人将每篇课文读了一遍，在诗歌朗诵会上，我们将选取一篇进行朗诵。

评价内容	自我评价	小组评价
声音洪亮	☆ ☆ ☆	☆ ☆ ☆
字词正确	☆ ☆ ☆	☆ ☆ ☆
节奏明确	☆ ☆ ☆	☆ ☆ ☆
情感丰富	☆ ☆ ☆	☆ ☆ ☆

（2）运用多种方法了解诗人，小组内将个人了解到的信息互相补充，并为个人最喜爱的作者制作名片。

```
姓名：
国籍：
生平经历：
代表作：
```

（3）再读以下诗句，想象到了怎样的画面，从中感受到了作者怎样的感情？

①月明的园中，藤萝的叶下，母亲的膝上。

②所有的绿就整齐地按着节拍飘动在一起。

③洁白的流苏　灿灿的金晖　姗姗来迟的晚霞

　　晶莹的雪花　银色的光华　白雪皑皑的树枝

我读第_____句，通过这一句，我看到了_____的画面，体会到了作者_____的情感。

④ 在《在天晴了的时候》一诗中，我最喜欢的诗句是_____，通过这一句，我看到了_____的画面，体会到了作者_____的情感。

（4）回顾课文，说一说现代诗的特点。

设计意图：出版社项目一：诗意畅读，在充分的朗读中激发学生对现代诗和语言文字的热爱。这项任务涵盖了课前、课中和课后三个部分，旨在为日后的写作、合作出版小诗集以及举办诗歌朗诵会奠定坚实的基础。

4. 出版社项目二：诗海拾贝

（1）在这个充满着无限美妙的世界中，我们应该全面地探索并欣赏诗歌的精髓。为了获得更多的知识，可以从多种途径获取信息，比如浏览报纸、杂志、图片或其他资料。此外，还可以准备一个摘录笔记本，摘录喜欢的现代诗。

（2）诗歌中经常涉及植物，你最喜欢哪首诗呢？快来分享一下你的感受。

（3）（选做）通过本单元的学习，我们认识了四位诗人。收集你最喜欢的诗人写的其他诗，把它们工整地抄在摘抄本里。

设计意图：出版社项目二旨在帮助学生们通过多种方式收集他们喜欢的诗歌，这不仅可以丰富他们的知识面，还可以尊重他们的学习差异，培养他们的个性特点，并且可以锻炼他们的团队协作能力。指导学生学会按不同的方法分类整理，潜移默化地培养学生的信息素养。本项目设有难度较小的分层作业，旨在打开学生思路，帮助学生在"量"和"质"两个方面保证诗歌素材的积累，感受到诗歌世界的美妙，从而激发学生对诗歌的热爱。

5. 出版社项目三：踏浪诗海

在过去的一段时间里，我们不仅阅读并收集了大量的诗歌，而且还有了一本自己的诗歌摘录本。现在，让我们一起尝试成为一名小诗人，将自己的情感表达出来。在写作的过程中，要注意分行。

通过本单元的学习，我发现现代诗有这样的特点：

1.

2.

3.

（1）读一读，注意加线的部分，再仿照着写一写。

> 这些事——
> 是永不漫灭的回忆：
> <u>月明的园中，</u>
> <u>藤萝的叶下，</u>
> <u>母亲的膝上。</u>

> 春天的早晨
> 怎样的可爱呢！
> <u>融冶的风，</u>
> <u>飘扬的衣袖，</u>
> <u>静悄的心情。</u>

（2）在本单元学过的四篇课文中，选择你最喜欢的一篇，并仿照它的样子创作一首现代诗歌。

（3）（选做）从以下主题中选择你喜欢的，自由创作属于你的诗歌。

① 四季之美：春、夏、秋、冬

② 想象之美：假如我是××、大自然

③ 回忆之美：童年、校园、父爱、母爱、家人……

设计意图：出版社项目三为踏浪诗海，承接朗读学习和摘抄积累任务，指导学生从摘抄到仿写，最后完成自由创作，为学生搭建学习支架，学习任务有层次地从浅入深，降低了写诗的难度，必做题和选做题的组合满足不同层次水平的学生需求，帮助学生逐步排除写诗的障碍，激发写诗的兴趣。

6. 出版社项目四：诗歌荟萃

（1）每个出版社合作出版一本小诗集。在编排诗歌时，首先要考虑的是它们的来源：收集的诗歌或自己创作的诗歌，以及与之相关的故事或资料。接下来，要考虑如何将诗歌按照作者、内容、形式等方面进行分类，并配上相应的插图，甚至可以使用书法来展现自己喜爱的诗歌。最终，为这本小诗集起一个优美的名字，设计出一个精美的封面和目录，并将其装订成册，在班级里展示。

成果展示：

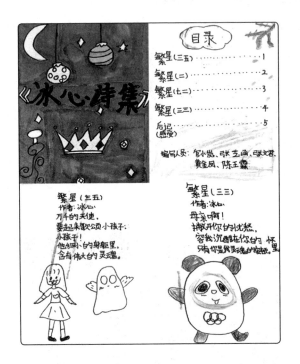

（2）全班同学合作出一本原创诗集。每位同学选择自己最满意的原创诗歌，工整地抄在画纸上，并为诗歌配以合适的图画。在收集完诗歌之后，我们会对它们进行分类，并为它们设计一个合适的封面和封底。

合作编诗集分工表	
名称	负责人
出版社成员	
诗集名字	
主编	
封面设计	

续　表

合作编诗集分工表	
名称	负责人
目录编排	
诗歌整理	
材料准备（彩笔、画纸、贴纸等）	

（3）成果展示

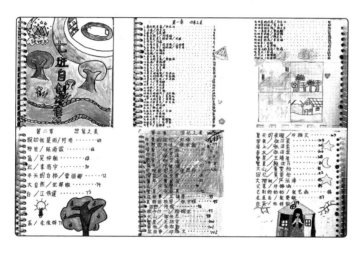

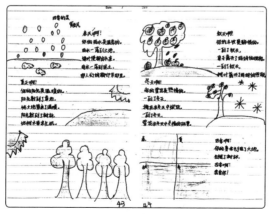

　　设计意图：项目四为诗歌荟萃，指导学生完成小组和班级内两本小诗集。通过把近期的学习成果汇总到一本精致的小诗集里，让孩子们通过绘画的形式来表达他们的想法，并且让他们的想法得到充分的发挥，从而锻炼他们的语文核心素养。

　　7. 出版社项目五：诗歌朗诵

　　为了展示近段时间的学习成果，我们决定在班级里举办一场现代诗歌朗诵会。这次活动将包括两种形式：个人朗诵和小组朗诵。

参加者可以选择自己喜欢的诗歌，并进行小组讨论，探究如何通过不同的方式来展现出最佳的朗诵效果。经过全班的讨论，我们决定采取一系列措施来举办一场优秀的诗歌朗诵会。例如，我们将选择一位主持人，并确定节目的顺序。在组织活动的过程中，可以向老师寻求帮助。

诗歌朗诵会分工表	
时间	
地点	
导演组（节目安排、总体协调）	
主持人	
主持词撰写	
场地布置	
道具准备	
评委安排	
其他准备	

评价内容	评委1	评委2	评委3	
用恰当的语气读出诗歌表达的情感	☆ ☆ ☆	☆ ☆ ☆	☆ ☆ ☆	总共获得了（　　）颗星
表情、手势要自然	☆ ☆ ☆	☆ ☆ ☆	☆ ☆ ☆	

成果展示

设计意图：项目五为诗歌朗诵会，是对这段时间学习成果的口头展示，为学生提供除书面以外的展示平台。在朗诵会大量的前期准备工作中，可以培养学生与人交往的能力。分工表和评价表有助于学生理清实践思路，使学生有条不紊地完成朗诵会的设计与安排。

参考文献

［1］高华. 唤起情境体验，设计语文作业［J］. 华夏教师，2018（10）：51–52.

［2］赵飞.“双减”背景下初中语文情境化作业设计与表现性评价［J］. 语文教学通讯·初中，2022（6）：19–23.

四时景物皆成趣

——五年级上册第七单元情境作业设计

南雄市珠玑镇中心小学　刘晓芬

一、设计理念

《义务教育语文课程标准（2022年版）》提出：义务教育语文课程实施从语文生活实际出发，创设丰富多样的学习情境，实际富有挑战性的学习任务，激发学生的好奇心、想象力、求知欲，促进学生自主、合作、探究学习。"双减"政策提出：教师应该做到在降低作业数量的同时保证学生的学习质量。学生只有在直观有趣的情境中，才能保持良好的学习兴致，取得有效的学习效果，进而发展个性、培养能力，提高学生的语文核心素养。

本次情境作业设计以情境化为主线，开展分层设计。在布置作业过程中创设情境，激发学生完成作业的兴趣，在充分尊重学生的不同差异和兴趣爱好时，帮助学生有效地掌握所学知识。情境作业设计主要有三个方向：一是开放性设计，丰富多样的活动，有趣味性的情境，与学生的学习和生活联系紧密。二是分层次螺旋上升，充分考虑学生的不同学习需求和学生的差异性。三是设计结合"双减政策"和"新课程标准"理念进行作业设计，以培养学生的语文核心素养。

二、教材分析

统编版小学语文第九册第七单元安排了四篇课文，本单元课文以"四时景物皆成趣"为主题编排，展现了大自然的美与神奇。我们在欣赏本单元优美诗文的同时，也可以用心去观察周围的景物，并按照一定的顺序写出大自然中景物别样的美。这个单元的文章不仅仅是了解景物之美，更重要的是落实具体的语文要素：一是初步体会课文中的静态描写和动态描写；二是学习描写景物的变化。

三、学情分析

小学五年级的学生，具备较强的识字能力，能够联系上下文和自己的积累，辨别词语的感情色彩，体会其表达效果。能初步感受作品中生动形象和优美的语言，与他人交流自己的阅读感受。关于学习体会"景物的静态美和动态美"这一阅读训练要素，在一到四年级的统编版教材中并没有明确地提出，但也根据学生的认知发展规律，做出了相关循序渐进的安排。但是，对于五年级学生而言，理解散文意境，特别是通过字里行间的语言来体会作者借用景物作为抒情对象，这样的体会对五年级的孩子来讲是有一定难度的。

四、作业目标

根据新课程标准、"双减"政策，教师要充分利用各种资源、各种手段，因地制宜地创设作业的情境，将作业内容或要求情境化，将学生学习的愿望转变为学习的内驱力。结合单元的人文主题和语文要素，作业设计目标如下：

（1）认识17个生字，读准3个多音字，会写26个字，会写23个词语。

（2）借助插图、视频、朗读课文，体会课文中的静态描写和动态描写。

（3）观察生活中的自然现象，选择自己喜欢的动态或静态美景，用文字、图画、制作书签、宣传片、海报等记录印象最深的某个景致，提升学生的创意表达能力，培养学生的文化自信。

五、课后作业内容

表1

《四季之美》	1.反复朗读课文，体会作者笔下四季之美的独特韵味。背诵课文。 2.读下面的句子，联系上下文，体会其中的动态描写。 即使是蒙蒙细雨的夜晚，也有一只两只萤火虫，闪着朦胧的微光在飞行，这情景着实迷人。 夕阳斜照西山时，动人的是点点归鸦急急匆匆地朝窠里飞去。 成群结队的大雁，在高空中比翼而飞，更是叫人感动。 3.选做 课文所写景致不多，却营造出美的氛围。仿照课文，用几句话写一写自己印象最深的某个景致。

续 表

《鸟的天堂》	1.朗读课文。说说作者为什么感叹"那'鸟的天堂'的确是鸟的天堂啊"。 2.课文分别描写了傍晚和早晨两次看到"鸟的天堂"的情景，说说它们有哪些不同的特点。用不同的语气和节奏读一读相关段落。 3.阅读链接
《月迹》	

六、设计内容

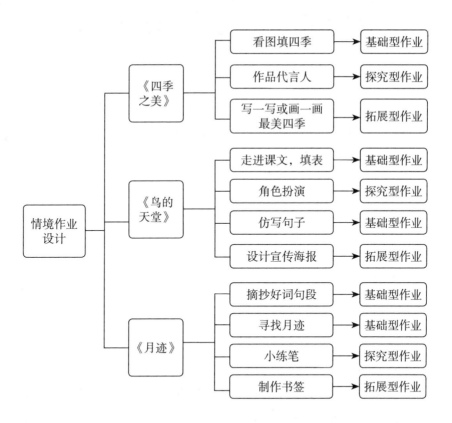

（一）《四季之美》作业设计

1. 作业内容

（1）创设情境：这是我们家乡的四季图，你知道这是什么季节吗？

（　　）　　　（　　）　　　（　　）　　　（　　）

（2）作品代言人：为了让作者笔下的美丽四季成为一张旅游名片，我们用眼睛给课文拍一组宣传片——《你不能错过的四季》，给课文美景做宣传。

季节	最美的是什么？	佳句分享

（3）为了把课文介绍更具体、更有感染力，我们不妨看看作者是如何用动态和静态描写四季的？读下面的句子，联系上下文，体

会其中的动态描写。

① 即使是蒙蒙细雨的夜晚，也有一只两只萤火虫，闪着朦胧的微光在飞行，这情景着实迷人。

② 夕阳斜照西山时，动人的是点点归鸦急急匆匆地朝窠里飞去。

③ 成群结队的大雁，在高空中比翼而飞，更是叫人感动。

你的介绍：

动态　　　　　　静态

（4）（选做）我们从课文中领略了不同季节的自然之美，无论是春天的黎明、夏天的夜晚、秋天的黄昏，还是冬天的早晨，都令我们心旷神怡！我们的生活中并不缺少美，而是缺少发现美的眼睛，请同学们走进大自然，观察景物的变化，寻觅四季的踪影，如：清晨的雨露、秋风中的落叶、夜晚的万家灯火……将你所发现的自然之美用文字和图画的方式记录下来，介绍给大家。

仿照课文，用几句话写一写自己印象最深的某个景致。

画一画你最喜欢的季节。

2. 设计意图

本课作业设计力求体现层次性、合作性、整合性和趣味性。1、2题针对学生的差异设计梯级作业，学生可以自主选择作业的内容、形式和完成方法。第3题将语文学科与美术学科整合起来设计，给作业注入了生机和活力，为学生学习语文提供了实践机会。同时让学生自主选择作业内容，自由参与学习活动，实现课内外联系，从而在潜移默化中转变了学习方式，培养了自主学习意识和运用知识的能力。

3. 成果展示

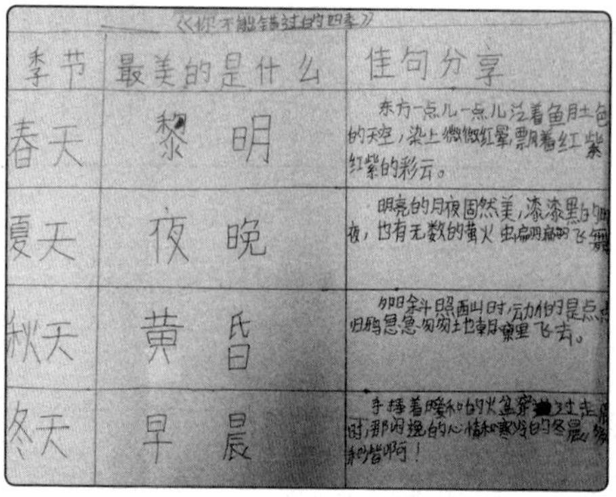

河面很宽，阳光照到水面上，绿油油的水上没有一点波浪，就像一面镜子时。我忽然看见，太阳已经西斜到了天边，发起了耀眼的光芒，只留一圈金灿灿的光晕。原本万里无云的蔚蓝的天空，被夕阳抹了一缕美丽，变黄色的了，更浓了退了一会儿，连连的云也过来了，也被夕阳染了紫紫嫩嫩色，变成了千变万化的火烧云。正前方青翠的小山，被余晖照了一层金色，显得格外壮丽。我情不自禁感叹到："啊！美啊！"我目不转睛地着西边那果般红彤彤的夕阳。

太阳照水程的光芒，趁我不住意偷偷的溜到我家的窗户上，当我回头正看到这一幕，于是我连忙跑到窗那查看，当我看到太阳那一刻，不禁感到："原来日落是多美的场景啊！"当阳光照在我脸上时，我心中那些烦恼的阴霾瞬间所有都被消除了，心小青也变的舒服起来。

（二）《鸟的天堂》作业设计

1. 作业内容

（1）创设情境：有这样一个美丽的传说：相传四、五百年前，在广东新会的天马村，有一条小河，河中间有一座泥滩小岛。潮退外露，潮涨水淹。一天，一只仙鹤看到了这里环境优雅，便衔来了一根榕树枝，说来奇怪。不久，榕树生长起来，枝繁叶茂，远看像一片浮动的绿洲。这颗大榕树究竟长得怎样？咱们一起走进课文，完成下表。

次数	时间	看到的事物	特点	描写方法	你喜欢的句子

（2）角色扮演。看到这棵生机勃勃的大榕树，这只仙鹤对其他鸟儿说："快来呀，这里有一棵……"（根据情境，介绍大榕树）

于是这只仙鹤唤来了数万只仙鹤，栖息在这棵榕树上。从此，每于清晨薄雾中，万千灵鸟鸣声呼唤，凌空翱翔，野趣盎然，形成南国的一个奇观。

（3）仿写句子：

（例句）我们继续拍掌，树上就变得热闹了，到处都是鸟声，到处都是鸟影。大的，小的，花的，黑的；有的站在树枝上叫，有的飞起来，有的在扑翅膀。

（创设情境）瞧，操场上，有一群快乐的小伙伴，他们在……

（4）说说作者为什么感叹"那'鸟的天堂'的确是鸟的天堂啊"？请为《鸟的天堂》设计一张海报，要有打动人的宣传语。

2. 设计意图

兴趣是最好的老师，是最直接的学习动力。此作业设计，结合学生日常生活实际，创设有效的教学情境，既有基础性的作业，又有探究性作业，角色扮演、设计海报等趣味性的作业，激发学生的学习兴趣，充分调动学生学习的内驱力。

3. 成果展示

次数	时间	看到的事物	事物的特色	描写方法	我喜欢的句子
《鸟的天堂》 第一次	傍晚	大榕树	大茂盛	从远到近静态描写、夸张、比喻。	那翠绿的颜色，明亮地照耀着我们的眼睛，似乎每一片绿叶上都有一个新的生命在颤动。这美丽的南国的树。
第二次	早晨	很多鸟儿	颜色多，声多，动多，鸟色影作差量。	然后描写、排比。	我注意地看着，眼睛应接不暇，看清楚了这只，又错过了那只，看了那只，又飞起了这只。

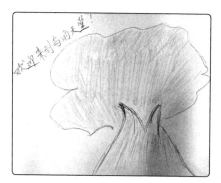

（三）《月迹》作业设计

1. 作业内容

同学们，你们注意过这样美丽的场景吗？在某一天的傍晚，抬头望向西方，就会看到太阳落山后月亮升起了，仿佛它们正在举行隆重的交接仪式。除了傍晚，我们有时在清晨也能发现，旭日东升的同时，稍远处竟然也有一轮明月挂在天空。可是，每逢农历十五，我们明明可以清楚地看到一轮圆月在东方缓缓升起，这是怎么回事呢？甚至有时候，我们在白天不经意间一抬头，也能发现湛蓝的天空中，竟然藏着月亮模糊的身影。我们不妨一起找找月亮的踪迹……

（1）把你认为课文中最优美的词语、句、段摘录下来。

| 词语 | 句子 | 段落 |

（2）寻找月亮的足迹，完成下表。

寻月	望月	赏月
镜中月	一个白道儿、半圆、满盈、又亏了、全没了	我们看时，那竹窗帘儿里果然有了月亮，款款地悄没声儿地溜进来，出现在窗前的穿衣镜上了：原来月亮是长了腿的，爬着那竹帘格儿，先是一个白道儿，再是半圆，渐渐地爬得高了，穿衣镜上的圆便满盈了。

（3）练笔：你心目中的月亮是什么样的？发挥你的想象，施展你的文采，写一篇关于月亮的习作。（建议使用叠词，运用拟人的修辞手法）

（4）搜集课外与月亮有关的诗句，制作书签。

2. 设计意图

散文《月迹》，语言朴实无华却又生动无比，作家那浓浓的思乡之情和对生活的热爱令人无比感动。感慨之余，也给我们留出了很多的创作空间。在学生作业的设计上，我创设丰富多样的学习情境，课内积累与课外实践相结合，让学生在丰富多彩的作业形式中，巩固、应用、拓展深化所学的语文知识，从而培养学生的语文能力，促进学生个性发展。

3. 成果展示

姓氏文化秀秀秀

——"姓氏文化秀秀秀"项目式活动设计

南雄市珠玑镇中心小学　刘晓芬

一、项目依据

（一）教材依据

统编版小学语文五年级下册第三单元是以综合性学习"遨游汉字王国"为主题的活动单元，围绕单元主题，教材编排了"汉字真有趣""我爱你，汉字"两大活动板块。这是小学阶段，第一次以单元整组的综合性学习单元，整个单元始终以活动贯穿，以任务驱动的方式带动整个单元的学习。

（二）课标依据

"立德树人"是我国教育的根本任务，也是新时代背景下教师的根本使命。在落实"立德树人"根本任务的过程中，我们的教学设计要以"大语文"观为基础，充分发挥语文学科的育人功能。通过"姓氏文化秀秀秀"项目式活动，我们要引导学生关注生活、关注社会，并将两者紧密融合起来，让学生在这次学习活动中获取正能量，帮助学生树立正确的价值观，为民族的伟大复兴培养新时代的接班人。

二、项目简介

通过学习"汉字真有趣""我爱你，汉字"两大活动板块的内容，学生已经对汉字悠久的历史有了一定的了解，也清楚地意识到汉字在当今社会具有强大的生命力，在世界上拥有的巨大影响，同时学生也掌握了搜集资料的方法，有了如何写研究报告的基本能力。因此我借助学校特殊的地理位置，独特的人文环境，有机整合教材资源和地方文化资源，借助6月23日珠玑古巷召开姓氏文化节的这一真实情境，开展"姓氏文化秀秀秀"活动。整个项目的推进流程如下：

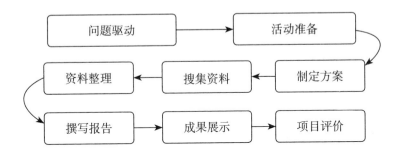

本次"姓氏文化秀秀秀"项目式活动，旨在通过展示不同姓氏的历史渊源、文化内涵、家族传承等方面的信息，进一步培养学生学习汉字的兴趣，增强学生对家乡的认同感及建立学生的民族文化自信心。

三、驱动问题

（1）你了解自己姓氏文化的历史、现状吗？（本质问题）

（2）你将从哪些方面向他人介绍自己的姓氏文化？（驱动性问题）

四、素养目标

（1）学生能够通过搜集姓氏文化资料，了解自己姓氏的历史文化和家族传承。

（2）学生通过参与实践活动，培养学生搜集、分类、整理、处理资料的能力，在实践中形成主动探究、团结合作的精神。

（3）开展"姓氏文化秀秀秀"的项目活动，使学生认识到中华文化的丰厚博大，建立学生的文化自信，弘扬中华民族的传统文化。

五、项目时长

1—2个星期。

六、项目实施过程

活动一：问题驱动

导入事件：同学们，我们"珠玑古巷姓氏文化节"马上就要召开了，为了将我们家乡的姓氏文化传承下去，我们班也要举行"姓氏文化秀秀秀"主题活动。

驱动问题:

（1）你了解自己姓氏文化的历史、现状吗?

（2）你将从哪些方面向他人介绍自己的姓氏文化?

活动二: 准备活动

（1）明确研究方向。

（2）搜集资料的方法。

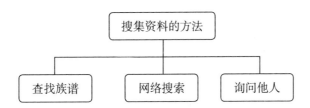

（3）组建姓氏小组。

① 按班级学生姓氏组建学习小组。

② 小组选出负责任的同学为组长，并进行分工。

活动任务三：制定方案

一起讨论活动计划，制定方案，开展属于自己的"姓氏文化秀秀秀"主题活动。

第（　　）小组"姓氏文化秀秀"活动方案如下。

活动主题			
活动内容			
活动时间		活动地点	
组长		小组成员	
活动分工、准备			
研究方法			
资料整理、分类			
展示形式			

活动任务四：搜集资料

（1）自己的姓氏是怎么来的？（姓氏之源）

（2）珠玑古巷姓氏宗祠有哪些姓氏记载？（姓氏之史）

（3）历史上有哪些有名的人？（姓氏之最）

（4）自己的姓氏图腾有什么意义？（姓氏之美）

（5）有哪些古诗中或歌曲涉及自己的姓氏？（姓氏之美）

活动任务五：资料整理

（1）小组交流分享自己搜集的资料。

（2）资料汇总，进行整理归类。

类别	内容
姓氏之源	
姓氏之史	
姓氏之最	
姓氏之美	

活动任务六：班级展示

（1）设计宣传海报。

（2）"姓氏文化秀秀秀"活动策划方案。

姓氏文化秀秀秀

活动主题：姓氏文化秀秀秀

活动目的：传承中华汉字，厚植文化自信

活动时间：6月23日

活动地点：五（5）班教室

活动分工：节目统筹＿＿＿＿＿＿＿＿＿＿＿＿＿＿＿＿＿＿

　　　　　会场布置＿＿＿＿＿＿＿＿＿＿＿＿＿＿＿＿＿＿

　　　　　道具准备＿＿＿＿＿＿＿＿＿＿＿＿＿＿＿＿＿＿

　　　　　主持与串词撰写＿＿＿＿＿＿＿＿＿＿＿＿＿＿

　　　　　秩序维护＿＿＿＿＿＿＿＿＿＿＿＿＿＿＿＿＿＿

　　　　　场地清洁＿＿＿＿＿＿＿＿＿＿＿＿＿＿＿＿＿＿

　　　　　活动报道＿＿＿＿＿＿＿＿＿＿＿＿＿＿＿＿＿＿

活动任务七：项目评价

项目	评价标准	自我评价	同伴评价	老师评价
制定方案	方案可行，分工明确，时间、地点安排合理	☺☺☺	☺☺☺	☺☺☺
搜集资料	资料丰富，符合项目要求	☺☺☺	☺☺☺	☺☺☺
资料整理	整理资料清晰，有条理	☺☺☺	☺☺☺	☺☺☺
班级展示	图文并茂、设计新颖，有创新之处	☺☺☺	☺☺☺	☺☺☺

遨游汉字王国

——大单元综合性学习情境作业设计

韶关市浈江区犁市镇工程处小学　周梅珍

一、单元整体说明

（一）教材编排

单元名称：统编版教材五年级下册第三单元综合性学习单元

教材内容："前言""汉字真有趣""我爱你，汉字"

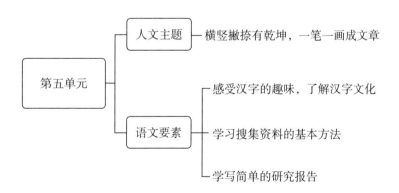

（二）单元简析

本单元是综合性学习单元，是本套教材继中年级在单元内安排"综合性学习"栏目之后，第一次设置单元整组的综合性学习内容。这种单元自成体系，以活动贯穿始终，以任务驱动的方式带动整个单元的学习。这样编排，一方面考虑到学生经过前几年的学习，已经具备了一定的综合运用语文能力的基础，可以开展历时较长、任务较多的语文学习活动；另一方面希望通过单元整组的综合性学习内容，进一步拓宽学生的学习空间，增加学生语文实践的机会，调动和挖掘学生语文学习的主动性，通过具体的情境任务，让他们在课堂学习与课外实践活动中学语文、用语文，全面提升语文素养。

本单元综合性学习围绕"遨游汉字王国"这个主题编排。汉字是中华文化的瑰宝，书写了中华民族的历史。五年级的学生已经认识近三千个汉字，对汉字有了丰富的感性认识。在此基础上，开展以汉字为主题的综合性学习，有助于增进学生对汉字的了解，进一步培养学生学习汉字的兴趣，增强学生对汉字的感情，让学生树立规范使用国家通用语言文字的意识。

围绕单元主题，教材安排了"前言"和两个活动板块"汉字真有趣""我爱你，汉字"。"前言"从汉字与生活的关系、汉字悠久的历史、汉字的使用者之多和文化影响之大、汉字书法艺术等方面，对汉字做了简介，并布置了本单元主要的活动任务。两个活动板块密切关联，前后相续，前一个板块是基础，后一个板块是提升。每个活动板块包含"活动建议"和"阅读材料"两项内容。"活动建议"提示了具体的活动任务，包括活动内容和方式，意在通过任务驱动的方式，带动整个单元的学习。"阅读材料"围绕活动主题从多个角度编排了文章、谜语、书法作品等，帮助学生进一步了解汉字，打开活动的思路，顺利完成活动任务。

（三）单元活动内容

教材内容	序号	活动内容
汉字真有趣	1	第一阶段：准备
	2	第二阶段：搜集、整理资料
	3	第三阶段：展示交流
我爱你，汉字	4	第一阶段：准备
	5	第二阶段：开展研究活动
	6	第三阶段：撰写研究报告
	7	第四阶段：展示交流

（四）课标要求

《义务教育语文课程标准（2022年版）》对第三学段"梳理与探究"要求有明确要求：

（1）分类整理学过的字词，发现所学汉字形、音、义和书写的特点，发展独立识字能力和写字能力。

（2）感受不同媒介的表达效果，学习跨媒介阅读与运用，初步运用多种方法整理和呈现信息。

（3）初步了解查找资料、运用资料的基本方法。利用图书馆、网络等渠道获取资料，解决与学习和生活相关的问题。尝试写简单的研究报告。

（4）策划简单的校园活动和社会活动，对所策划的主题进行讨论和分析，学写活动计划和活动总结。对自己身边的、大家共同关注的问题，或影视作品中的故事和形象，通过调查访问、讨论演讲等方式，开展专题探究活动，学习辨别是非、善恶、美丑。

（五）学情分析

五年级的学生已经认识近三千个汉字，对汉字已经有了丰富的感性认识。在此基础上开展以汉字为主题的综合性学习，有助于增进学生对汉字的了解，进一步培养学生学习汉字的兴趣，增强学生对汉字的感情，让学生树立规范使用国家通用语言文字的意识。

学生在中年级学习过"收集资料"，本单元"学习搜集资料的基本方法"建立在之前的学习基础之上，从"收集"到"搜集"难度有所提高，意在引导学生掌握更多获取信息的方法，更加精准地查找需要的资料，更加适应这个资讯发达、信息技术发展迅猛的时代。"学习简单的研究报告"这一要求意在让学生将研究成果以报告的形式呈现出来，提高学生理性化思考和书面表达的能力。这对学生来说，具有一定的难度，需要教师根据学生实践的情况，展开有针对性的过程指导。

（六）单元活动目标

（1）感受汉字的趣味，产生对汉字的热爱之情，弘扬中华优秀传统文化，建立文化自信。

（2）了解搜集资料的基本方法，学习运用搜集资料的方法，并对搜集的资料进行简单梳理。

（3）能搜集字谜，开展一次猜字谜活动；能搜集体现汉字趣味的资料，办一次趣味汉字交流会。

（4）能了解一些关于汉字历史和现状的知识，增强对汉字的自豪感，树立规范使用国家通用语言文字的意识。

（5）能围绕汉字的历史、汉字书法或其他感兴趣的内容开展简单的研究，或者能调查学校、社会用字不规范的情况，写简单的研究报告。

（七）单元作业目标

（1）通过活动，初步了解汉字的特点和发展历史，感受汉字的趣味，了解汉字文化。

（2）能根据活动方向制订简单的活动计划，并选择恰当的搜集资料的方法加以运用。

（3）搜集字谜、汉字趣味资料，调查汉字历史现状等知识，并有条理地记录下来。

（4）对搜集的资料和调查记录的信息，能运用多种方法梳理和呈现。

（5）以《"李姓"研究报告》为范例，尝试写一份简单的研究报告。

（6）以灵活多样的形式，分享综合性活动的成果，增强对汉字的自豪感，增加文化底蕴，提升审美能力。

（八）单元作业设计特色

本单元是综合性学习单元，内容具体、任务明确，单元作业设计要达成的目标就是尝试通过创设实践情境，设计关联任务，构建学用迁移版块，形成结构化学程，增强作业趣味性、迁移性、融合性。

1. 整合化——构建版块学习结构

本单元作业设计将各项学习内容整合为两大项目——"文字

趣味园""文字博览园"，确定了多维度学习目标，采取整体单元规划。以单元整体活动目标为纵轴的情境任务式作业设计，在作业中，提供学习场景，营造学习氛围；搭建学习支架，推进自主学习；强化自主评价，实现目标可测，以期充分发挥作业的"导学、助学、伴学"功能。

2. 情境化——增强知识迁移力度

本次作业设计创设了"遨游汉字王国"的汉字之旅的情境，期望通过情境营造、分层设计、创意评价，增加作业综合性，提高学习过程的趣味性、学生的参与感。在虚拟（或真实）情境中实现知识迁移，让作业成为一场经历丰富的旅游活动。

3. 反思性——提升多维评价效度

依据深度学习理念，设置"单元作业导航"，让学生整体了解作业路径和评价内容、方式。本次作业构建目标导引式、长程式评价体系，倡导自我、教师、家人、同伴等多角度评价，以求拓宽评价维度、增强评价效度，激活学生的学习热情，在语文实践中提高核心素养。

二、单元作业内容

（一）单元学习导航

同学们，欢迎走进第三单元，开启探寻汉字之旅！本次旅程，我们遨游汉字王国，我们将游览"汉字趣味园"，感悟汉字的趣味；畅游"汉字博览园"，了解汉字的文化，增进对汉字的了解，增强对汉字的感情，种下浓浓的民族自豪感！

你们一定迫不及待地想开启本次旅程了吧！那就开启"遨游汉字王国"的行程吧！

（二）单元作业内容

横竖撇捺有乾坤，一笔一画成文章。中华汉字，音美如歌，形美如画，意美如诗，是我国的文化艺术瑰宝。让我们开启一场前所未有的汉字文化之旅，一起去遨游汉字王国吧！

第一站：汉字趣味园

一、字谜奇趣谷

（一）字谜（基础性作业）

（1）画时圆，写时方，冬时短，夏时长。（　　　）

（2）一块土，两人站，中间隔条线，两人看不见。（　　　）

（3）有人不是我，有马飞跑过，有水能养鱼，有土庄稼活。
（　　　）

（4）右边有，左边无。后面有，前面无。哥哥有，弟弟无。周家有，李家无。（　　　）

（二）画谜（基础性作业）

（三）故事谜（基础性作业）

相传唐伯虎曾在街头卖画。一天，他挂出一幅水墨画，上面画着一只黑狗，十分可爱。唐伯虎对人们说："这是一则字谜，想购买者，需要付三十两银子，如果猜中谜语，就分文不收。"大半天过去了，无人猜中。这时，有一位年轻人说："我猜中了。"唐伯虎请他说出谜底，他却笑而不答，取下画来便走。

唐伯虎望着这位年轻人的背影，哈哈一笑，说："猜中了！他猜中了！"

你能猜出这是什么字吗？

（四）巧编字谜（提升性作业）

吾：

烧：

岳：

贾：

剃：

（五）歇后语（提升性作业）

下面的歇后语用到了有趣的讲音现象，你能把它们的后半部分补写出来吗？

1. 大葱拌豆腐——一清（　　）二白

2. 孔夫子搬家——尽是输（　　）

3. 咸菜煎豆腐——有言（　　）在先

4. 外甥打灯笼——照旧（　　）

5. 精装茅台——好久（　　）

6. 嘴上抹石灰——白说（　　）

（六）猜一猜（提升性作业）

一些运动员在运动场接受记者采访。当记者问及他们的姓氏时，他们笑而不答，各自做了一个动作，让记者自己猜。

篮球运动员指了指前面的两棵树；跳高运动员顺手捡起一根木棍，放在一个土堆旁；武术运动员拿过教练的书，放在剑的旁边；围棋运动员捡了一颗棋子放在瓷盆上。你知道这几位运动员分别姓什么吗？

篮球运动员姓（　　　）

跳高运动员姓（　　　）

武术运动员姓（　　　）

围棋运动员姓（　　　）

二、活动计划馆（综合性作业）

第小组"汉字真有趣"活动计划	
活动主题	
活动时间	
活动地点	
小组成员	

第小组"汉字真有趣"活动计划		
活动内容、活动过程	搜集资料	准备展示
整理资料		
展示交流		
活动分工		
展示方法		

三、评价量表

项目	评价标准	自我评价	同学评价	教师评价	家长评价
制订计划	小组分工明确计划安排合理				
搜集、整理资料	搜集资料的方法运用恰当，资料整理得比较完善				
展示交流	展示形式新颖，内容分丰富，互动效果良好				

第二站：汉字博览园

一、汉字体验馆

（一）汉字知识我知道（基础性作业）

1. 甲骨文是刻在（　　　）上的。

2. 按照顺序写出汉字字体的演变过程：甲骨文——（　　　）——（　　　）——（　　　）——（　　　）。

（二）请在象形字下面填写十二生肖。（提升性作业）

（　　）（　　）（　　）（　　）（　　）（　　）

（　　）（　　）（　　）（　　）（　　）

（三）按规律填词语（提升性作业）

一尘不染—两败俱伤—（　　　）—（　　　）—（　　　）—六神无主—七上八下—（　　　）—九霄云外—（　　　）

（四）信息记录站（提升性作业）

我能调查并记录活动过程中搜集到的信息。

资料搜集记录站	
人员	
时间	
地点	
搜集方法	
搜集内容	

（五）汉字研究院（综合性作业）

学习了本单元"关于'李'姓的历史和现状的研究报告"，我们学会了如何写研究性报告。下面请选择一个你感兴趣的问题，完成下面的研究报告。

研究报告

研究目的：

研究方法：

1.

2.

3.

资料整理：

调查统计：

1. 书籍、报刊：

2. 网络：

汇报、交流的方式：

研究结论：

以《"李姓"研究报告》为范例，尝试写一份简单的研究报告。

年　月　日

三、作业展示

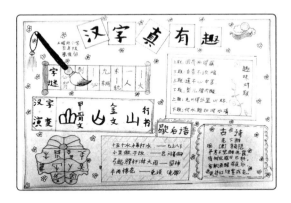

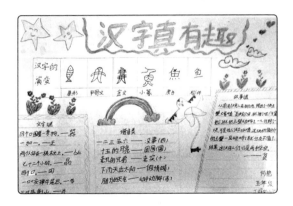

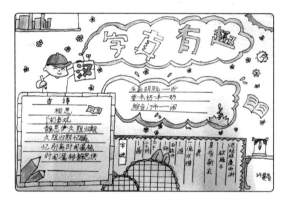

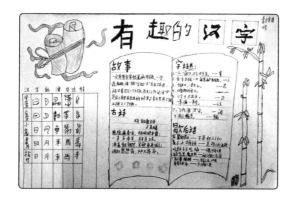

203

让思维的火花在探险中闪耀

——五年级下册第六单元习作《神奇的探险之旅》情境作业设计

翁源县实验小学　肖倩雯

一、课标依据

义务教育语文课程围绕立德树人根本任务，充分发挥其独特的育人功能和奠基作用，促进学生核心素养发展的目的，主线之一是"表达与交流"实践活动，综合构建素养型课程目标体系。

（一）总目标

（1）在语文学习过程中，培养爱国主义、集体主义、社会主义思想道德，逐步形成正确的世界观、人生观、价值观。

（2）能根据需要，用书面语言集体明确、文从字顺地表达自己的见闻、体验和想法。

（3）积极观察、感知生活，发展联想和想象，激发创造潜能，丰富语言经验，培养语言直觉，提高语言表现力和创造力，提高形象思维能力。

（4）能借助不同媒介表达自己的见闻和感受，学习发现美、表现美和创造美，形成健康的审美情趣。

（二）学段要求

表达与交流：

（1）能写简单的记实作文和想象作文，内容具体，感情真实。能根据内容表达的需要分段表述。

（2）修改自己的习作，并主动与他人交换修改，语句通顺，行款正确，书写规范、整洁。根据表达需要，正确使用常用的标点符号。写作要有一定的速度。

二、教材分析

本单元习作的话题是"神奇的探险之旅"，要求学生写一篇有关探险过程的习作，引导学生联系已有的知识和经验，展开合理、丰富而又奇特的想象，根据情境编故事，把事情发展变化的过程写具体。

教材第一部分先用提问的方式激发学生习作的兴趣，然后明确了本次习作的内容，即编一个惊险刺激的探险故事。

教材第二部分提示了本次习作需要关注的关键要素，意在启发学生根据自己已有的知识储备和生活经验合理想象，组建探险团队、确定探险地点、选择探险装备、设想可能遇到的困境并思考解决之道，为铺设故事情节做好准备。教材第二部分又包括两个方面的内容：一是提示学生自主选择一同前往探险的任务，组成探险的团队；二是提示学生选择探险的情境，让学生对探险有比较明确的理解和认识。

教材第三部分提出了本次习作的三个要求：一是要做到想象丰富且合理；二是要把遇到的困境、求生的方法写具体；三是尝试把自己在探险过程中的心情变化写出来。

三、学情分析

在此前的学习中，学生已经有了"发挥想象写故事""按自己的想法新编故事"等经验，知道要根据所给的情境合理想象故事的起因、经过和结果。

四、作业目标

根据课标要求、文本特点以及学生的分析，确立五年级下册第六单元习作《神奇的探险之旅》的作业目标如下：

（1）能借助提示，按照事情发展的顺序写一篇探险故事。

（2）能展开丰富的想象，把遇到的困境、求生的方法写具体。

五、作业内容

习作活动一：理解真实情境，丰富合理想象

（1）布置阅读探险小说《海底两万里》，观看探险纪录片《荒岛求生》。

（2）查阅探险目的地相关资料，了解目的地气候环境、生物种类等。

（3）完成课前任务清单。

课前完成

习作：神奇的探险之旅

学校：_____　班级：_____　姓名：_____

探险知识 我知道

我知道_____有这些动物_____

我知道_____有这些植物_____

我知道_____气候和环境是这样的_____

设计意图："探险"是指到从来没有人去过或很少有人去过的艰险地方去考察、探究自然界情况的活动。对于五年级的学生而言，探险的直接经历和经验基本上是不存在的。但是，却有从书中或影片中了解人物探险的故事的经历。探险故事，基本上是一种"遇到险境——脱离险境"的故事模式，学生能读懂这种故事模式，也能在习作中进行简单的迁移运用。从网络或者相关书籍查阅北极的资料，为合理想象提供一定的现实基础。

习作活动二：求生方法写具体，心情变化要突出

（1）根据习作要求，选择两个人物，带上两样装备，想象一个或者两个前往北极可能出现的险情，完成探险清单。

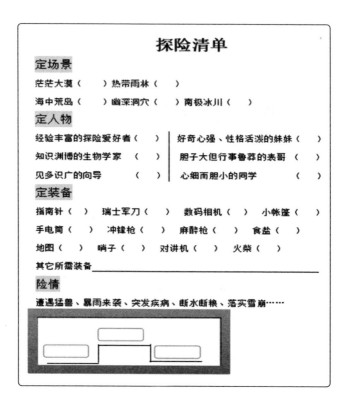

（2）运用习作方法完成习作思维图：险情（听觉、嗅觉、视觉、触觉、味觉等感官描写和环境描写），求生方法（动作、语言、神态、心理等描写）。

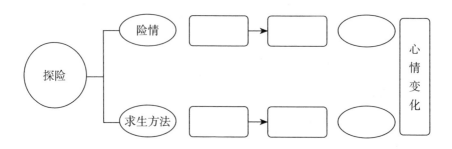

设计意图：学习任务有层次地从浅入深，降低了习作的难度，引导学生一波三折设置情节，关注想象的合理性，关注故事的生动性，为习作提供方法支架和丰富的内容。

习作活动三：乐于评价，乐于修改

根据写作评价表对自己的习作进行修改：

《神奇的探险之旅》写作自评表		
评价标准	自评	修改建议
探险过程想象丰富、合理	☆☆☆☆☆	
多种手法写探险过程	☆☆☆☆☆	
抓人物心理突出惊险	☆☆☆☆☆	

设计意图：借助习得的写作智慧和单元语文园地"词句段运用"第三题不断修改作文。

习作活动四：誊写正稿，展示成果

要求：认真誊写习作，并在稿纸上配上情境绘画。

设计意图：站在儿童的视角，让情境创设贯穿课堂内外，使学生入情入境，激发写作兴趣。

六、结语

学生的想象力和表达能力是无穷的，在想象类习作任务完成过程中，设计学生自己的探险清单、绘制学生自己的求生思维导图，创编学生自己的情节，迸发出思维的火花。

"漫步世界名著花园"我为名著做代言

——六年级下册第二单元"快乐读书吧"情境作业设计

韶关市武江区沐溪小学 林丽梅

一、设计理念

《义务教育语文课程标准（2022年版）》课程实施教学建议提出了明确要求：学习情境的设置要符合核心素养整体提升和螺旋发展的一般规律。语文学习情境源于生活中语言文字运用的真实需求，服务于解决现实生活中的真实问题。语文学习具有情境性、实践性和综合性，决定了语文学习源于生活，服务于生活。对作业评价也给了明确建议：要合理安排不同类型作业的比例，增强作业的可选择性，除日常基础作业外还要设计主题考察、跨媒介创意表达等多类型作业，以培养学生自主学习和综合学习的能力。

此情境型作业设计，依托教材，结合文本，围绕新课标和"双减"减负增效的要求设计优质情境作业，以期提升学生的语文核心素养。本次情境性作业设计，以分层设计供选择、多样开创促发散、螺旋上升到目的的情境设计方式，激发学生学会阅读、热爱阅读的兴趣，在完成作业的同时学会如何有效阅读，提升自身的阅读理解能力及语言的综合运用能力。

二、教材分析

本单元围绕"外国文学名著"编排，选编了三篇从长篇小说中节选的课文，分别是《鲁滨逊漂流记》《骑鹅旅行记》《汤姆·索亚历险记》节选。本单元的语文要素为：借助作品梗概，了解名著的主要内容；就印象深刻的人物和情节交流感受。

教材安排了三篇外国名著作为课文，以及口语交际"同读一本书"、习作"写作品梗概"、语文园地"交流平台"、快乐读书吧"漫步世界名著花园"等内容，旨在引导学生跟随外国文学名著的脚步，去发现更广阔的世界，并能借助作品梗概了解名著的主要内容，感受作品中的人物和情节，让学生能产生阅读原著的兴趣。

本单元"快乐读书吧"以"漫步世界名著花园"为主题，引导学生阅读游历类的外国文学名著。这是对本单元"外国文学名著"单元的拓展和延伸。教材由"导语""你读过吗""小贴士"和"相信你可以读更多"四部分组成。小贴士提示了本次读书活动的阅读要素：读名著要沉下心细细品味，读之前要先了解写作背景，读的过程中要做读书笔记丰富阅读收获。

三、学情分析

小学六年级的学生已经具备了一定的阅读理解能力，在课内也学习了许多名家名篇且已经习得一定的阅读策略，课外也有自主阅读，但阅读量有限，还需要掌握一定的阅读方法，以期在课外做大量的补充阅读才能有效提高学生的语文素养。读整本书现在已经成了大家的共识，但漫无目的、毫无侧重地读，所起到的提升语文素养的作用自然大打折扣，尤其是到了小学高段（5～6年级），更要关注阅读的重点。而《义务教育语文课程标准（2022年版）》对5～6年级学生的阅读方面提出了这样的要求：阅读叙事性作品，了解事件梗概，能简单描述自己印象最深的场景、人物、细节，说出自己的喜爱、憎恶、崇敬、向往、同情等感受。可见，通过阅读，对故事中的场景、人物、细节说出自己的感受，进行简要的评价是该学段需要解决的一大重点问题。而仔细梳理语文要素之后就不难发现，这一点其实贯穿于六年级上下学期的语文教学中，且对学生的能力要求不断提升。

四、作业目标

结合学生的实际生活体验和生活实际创设情境，以情境为学习支架，引领学生经历"观其貌""寻其味""悟其道"三个阶段的阅读过程，把"能对人物做出简单的评价；能概括重点情节的主要内容"这些语文要素落到实处，切实地激发学生阅读外国文学名著的兴趣。

课文名称	作业目标
《鲁滨逊漂流记（节选）》	1.能借助作品梗概，了解名著的主要内容。 2.能就印象深刻的情节交流感受，能对鲁滨逊做出简单的评价，产生阅读原著的兴趣
《骑鹅旅行记（节选）》	1.默读课文，能说出尼尔斯变成小狐仙后，他的世界发生的变化。 2.借助目录里的标题，猜想故事情节，产生阅读原著的兴趣
《汤姆·索亚历险记（节选）》	1.能交流印象深刻的情节，根据课文内容和生活经验，对汤姆做出简单的评价。 2.能产生阅读原著的兴趣
口语交际：同读一本书	1.能引用原文说明观点，使观点更有说服力。 2.能分辨别人的观点是否有道理，理由是否充分
习作：写作品梗概	1.能选择自己读过的一本书，写作品梗概。 2.能与同学分享自己写的梗概，并根据反馈进行修改
语文园地"交流平台"	读名著，能围绕如何对人物进行评价发表自己的看法
快乐读书吧	1.能产生阅读世界名著的兴趣，自主规划、阅读《鲁滨逊漂流记》《骑鹅旅行记》《汤姆·索亚历险记》三部名著，了解故事内容。 2.能做读书笔记，与同学交流阅读收获。 3.迁移运用学到的阅读方法，阅读其他更多的名著

可见，评价人物的性格特点、体会人物的品质，以及梳理主要事件、感受人物的成长变化是阅读外国文学名著的关键，也是本单元需要重点达成的目标。

五、课后作业内容

课文	课后题
《鲁滨逊漂流记（节选）》	1.默读梗概，想想这部小说写了鲁滨逊流落荒岛的哪些事，用小标题的方式列出来。 2.读节选的片段，说一说：鲁滨逊克服了哪些困难？他的心态发生了什么变化？你觉得鲁滨逊是一个什么样的人？和同学交流。 3.最近你遇到什么困难和烦恼了吗？像鲁滨逊一样把坏处与好处列出来，再说说这样做对你是否有帮助。（选做）
《骑鹅旅行记（节选）》	1.读读这个片段，说说小男孩尼尔斯变成小狐仙之后，他的世界发生了什么变化。 2.作品中还有许多有趣的故事，如"鹤之舞表演大会""大海中的白银"，猜猜它们又将讲述怎样的神奇。有兴趣的话可以找来原著读一读
《汤姆·索亚历险记（节选）》	1.默读课文，说说哪些情节特别吸引你。 2.你觉得汤姆是一个怎样的孩子？在他身上，你能找到自己或是身边伙伴的影子吗？如果你还想知道汤姆的其他故事，就去读一读《汤姆·索亚历险记》这本书

六、设计内容

鲁宾逊漂流记（节选）

（一）作业内容

关注脉络：默读梗概，想想这部小说写了鲁滨逊流落荒岛的哪些事？用你喜欢的方式表达出来。

关注情节：鲁滨逊在荒岛上生活了28年，请你绘制一张有他的生活痕迹的荒岛地图，并标注一个令你印象最深刻的地方，介绍一下在这里曾经发生过什么样的故事。

关注人物：鲁滨逊流落荒岛以后，开始了一段自我求生的困难重重的生活，面对这些苦难，他的心态发生了什么变化？假如你今天面临鲁滨逊这样的生活环境，你觉得你会像他一样游刃有余吗？请你选取书中有力量的名言，为自己制作书签！

实际运用（选做）：今年暑假，妈妈给你报名了"荒岛求生"夏令营，请你提前为这次"荒岛求生"夏令营制作一份求生指南。制作后，和同学们交流一下你的求生指南。

（二）设计理念

《鲁滨逊漂流记（节选）》一文首先把作品梗概呈现出来，一是让学生借助梗概了解全书的主要内容，二是为学生学写作品梗概提供范例。设计了"关注脉络""关注情节""关注人物""实际运用"四个层面的作业内容作为学生的学习支架，引领学生经历"观其貌""寻其味""悟其道"三个阶段的阅读过程，在完成作业的同时力求把"能对人物做出简单的评价；能就印象深刻的人物和情节交流自己的阅读感受"这些语文要素落到实处，切实地激发学生阅读外国文学名著的兴趣。

（三）成果展示

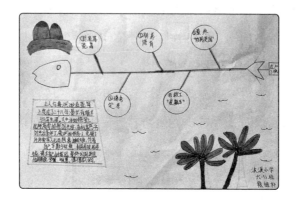

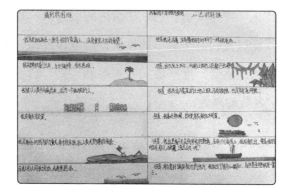

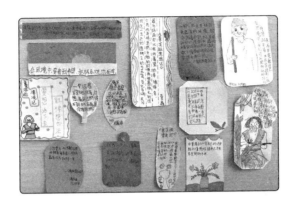

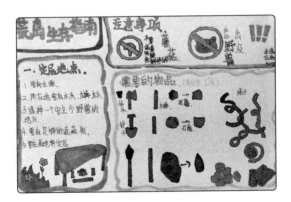

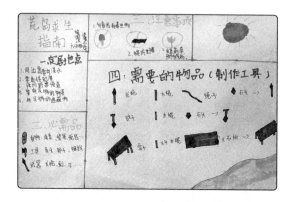

骑鹅旅行记（节选）

（一）作业内容

1. 关注情节

（1）阅读完这本书后，书中某一个故事一定让你留下了深刻的印象，选择你印象最深的故事，运用思维导图，将故事情节简单梳理一下。

（2）根据提示猜情节：尼尔斯听到了猫头鹰间的对话，知道自己可以变回人类的一个条件，请你猜测一下，尼尔斯变回人类的另一个条件是什么？请你猜测一下故事的结局。尼尔斯会做出如何的选择呢？

这可是一个秘密，大猫头鹰，不过说给你听听也不碍事。那位小精灵说，倘若男孩能够照顾好那只熊家儿，让他平安无事的回到家，还有……

还有什么？小猫头鹰，还有什么？都说了吧！

跟我一起飞到教堂钟楼上去吧，大猫头鹰，那样你就可以知道一切，大家在大街上说话不方便。

联结生活：狐狸斯密尔一路追踪尼尔斯他们，给尼尔斯带来了威胁。尼尔斯最后是怎么对待斯密尔的呢？如果生活中出现了斯密尔这样的人，你会怎么做？写在表内右边空白里。

书中	我
尼尔斯看斯密尔被关在笼子里唉声叹气，就可怜他，告诉他有一座海岛上的人要买狐狸，他有机会重获自由。	

2. 以读促写

（1）在《老农妇》中，可怜的老奶奶一个人辛辛苦苦地拉扯自己的孩子们、孙子们长大，可是自己却孤苦伶仃地去世了。联想同学自己的生活，你觉得现在可以为你的父母、长辈做一件什么事情？

唉，父母竟会如此想念自己的孩子！这一点他以前是一无所知的。想一想，一旦孩子们不在身边，生活对他们来说似乎就失去了意义！想一想，倘若家中的父母也像这位老妇人想念自己的孩子一样想念他，他该如何是好呢？

（2）五朔节是欧洲传统节日之一，时间是4月30日，也可以称为迎春节。请仿照《五朔节之夜》，介绍一个中国传统的节日，写一篇文章。

有那么一个节日，达拉那省的孩子几乎像盼望圣诞节一样盼望它来临。那就是五朔节，因为在那一天他们可以在露天野外点火烧东西。节日前的几个星期里，无论男孩还是女孩心里想的全是为五朔节烧篝火收集木柴……

当那个欢乐的夜晚来临之际，每个村里的孩子都把树枝、荆条和所有能够燃烧的东西统统拿来，在小丘上或者湖岸上堆起一个大堆……

篝火堆往往在下午很早的时候就安排就绪了……

大家盼望的时刻终于来了……

篝火烧了一会儿后，成年人和老年人都出来看热闹了……

成年人一心想的是喝咖啡和讲故事，而孩子们则一心扑在火堆上，千方百计想让篝火的火头蹿得更高……

（二）设计理念

围绕本单元的语文要素和本节课的课后思考设计了"关注情节""联结生活""以读促写"三个板块的作业内容，引导学生学会阅读策略，激发学生热爱阅读的兴趣。阅读本身就是自我的提升，在阅读中思考，在思考中体悟，通过阅读感悟，内化学生对作品的领悟，吸收文学营养，以读促写，在阅读的同时提高写作能力。

（三）成果展示

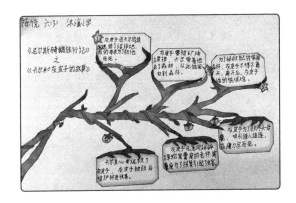

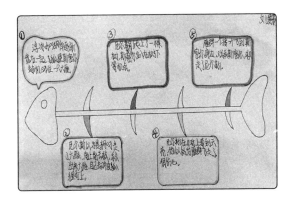

我想尼尔斯变回人类的条件是，小精灵让他改变自己，尊重他人。

知道条件后的尼尔斯会很纠结。因为变回人类，会离开阿卡与雁群，毕竟经历了许多刻人难忘的事。如果不变回人类，尼尔斯会失去朋友，而且无法又再然日以泪洗面。

沐溪小学
六年三班
徐皓轩

他不想变回人类，不然就会像他以前戏弄这的动物般聪没，但这样就可以不被爸爸妈妈的控制自由自在。如果变回人类，他会失去他的好伙伴，可他会舍不得以前和雁群的快乐时光。

他也可能想变回人类，不过是有条件的，得改正他以大期小的习惯，变回人类后不能欺负动物和小朋友，要多帮他人多做好事。

沐溪小学
六年(3)班

书中	我
尼尔斯看斯密尔被关在笼子里唉声叹气，就可怜他，告诉他有一座海岛上的人要买狐狸，他有机会重获自由。	 如果我的生活中出现了像他这样的人，我会选择原谅，因为从小开始妈妈就告诉我做人要大度。我也会学习尼尔斯那样，在别人需要帮助的时候，伸出援手。即使他曾经伤害过我。<div align="right">武江区沐溪小学六(3)班 许纪夏</div>

每天我的父母忙于工作，没有时间陪伴我们，我们之间没有话题。每天总是吃完饭后就匆匆离开，看着他们远去的背影。我慢慢理解父母为什么要这样做。每天我能为他们做的事就是，在他们下班后给他们递上一杯热水。为他们做好饭菜，照顾好弟弟。

远在千里之外的奶奶，虽然我们一年没有回去几次，但每天我和弟弟都会打电话给她，陪她聊天，报平安。

武江区沐溪小学六（3）班
黄子晴

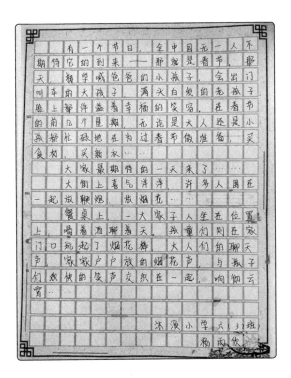

有一个节日，全中国无一人不期待它的到来——那就是春节。那天，初学哦爸爸的小孩子，会出门叫车的大孩子，满头白发的老孩子脸上都洋溢着幸福的笑容。在春节的前几个星期，无论是大人还是小孩都忙碌地在为过春节做准备，买食材、买新衣……

大家最期待的一天来了……

大街上喜气洋洋，许多人围在一起放鞭炮、放烟花……

餐桌上，一大家子人坐在位置上，喝着酒聊着天，孩童们则在家门口玩起了烟花棒，大人们的聊天声，家家户户放的烟花声，与孩子们欢快的笑声交织在一起，响彻云霄……

沐溪小学六（3）班
杨雨欣

汤姆·索亚历险记（节选）

（一）作业内容

表达与交流：小说的名称是《汤姆·索亚历险记》，那么汤姆与小伙伴经历了多少次险情呢？请用小标题的方式填写完整。写完和同学交流一下哪次险情令你印象最深刻，也可以用简短的语言写下来和同学分享。

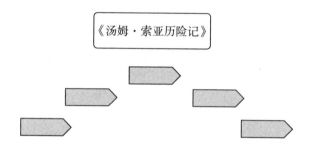

关注人物：概括人物的性格特点，可从事件中提炼，或从人物的肖像、语言、动作、心理、神态的描写中归纳，也可以通过侧面描写来总结。那么，汤姆的性格特点是怎样的呢？是通过哪些事件表现出来的呢？

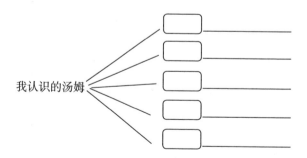

联系生活，触发思维：

（1）和贝琪做同桌这件事在汤姆的意料之外，他开始有了一些懵懂的小心思。为了引起贝琪的关注，汤姆做了什么有趣的事引起贝琪的关注？生活中，我们也会和自己同桌发生很多趣事，回忆你和同桌相处的时光，你做过哪些有趣的事？

（2）（选做）第五章记述了教堂发生的趣事，无所事事的汤姆玩起了老虎钳、甲虫，甲虫咬了小狗，小狗向主人求救却被扔到窗户外……这个情节非常有趣。生活中，我们也会接触小动物，请你也回忆一下你与小动物之间发生过的好玩的事情，动笔写一个小片段吧！

（二）设计理念

"能交流印象深刻的情节，根据课文内容和生活经验对汤姆做出简单评价。能产生阅读原著的兴趣"是本节课的教学目标，也是本节课设计的作业目标。围绕这一目标，设计了"表达交流""关注人物""联系生活，触发思维"三个板块的内容。引领学生经历"观其貌""寻其味""悟其道"三个阶段的阅读过程，在完成作业的同时力求把本单元语文要素落到实处，切实地激发学生阅读外国文学名著的兴趣。

（三）成果展示

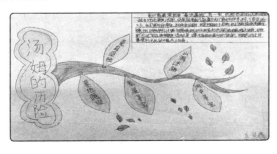

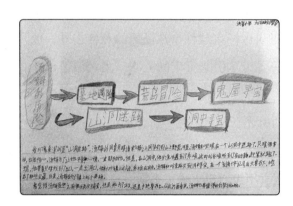

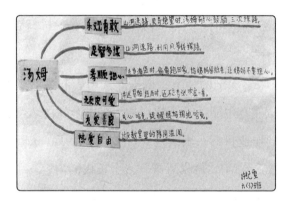

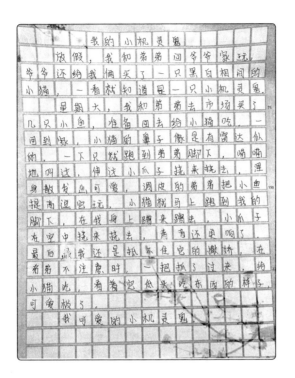

"口语交际" "交流平台" "快乐读书吧"

（一）作业内容

口语交际：本单元"漫步世界名著花园"主题学习中，我们已经共同阅读了《鲁滨逊漂流记》《骑鹅旅行记》《汤姆·索亚历险记》三本名著。相信大家在阅读的过程中一定有很多的心得体会。请你和你的组员围绕同一本书交流学习心得，在班级读书分享会中一展风采！

推荐一本好书：冰心奶奶说"读好书，好读书，读书好"。相信你在课外了很多好书，我们六年级组将在年级组联合举办一次"畅游书海，推荐好书"分享活动，并选出最佳"名著代言人"。请为大家推荐一本你心目中的好书，让同学们跟着你的脚步一起畅游书海吧！

我的阅读策略分享：要想阅读的时候效率高，好的方法是关键。制作一份《我的阅读小报》，分享你最喜欢的最有效的阅读方法给大家。可以是阅读计划也可以是阅读的感悟，还可以是分享你的阅读方法。

（二）设计理念

通过本单元的学习和三本名著的阅读活动的开展，学生已经习得一定的阅读策略，在阅读的过程中有了很多的感悟。在本单元的终结学习部分，根据"快乐读书吧"的学习目标和教学建议，设计了从表达到交流分享的作业模式。创设情境，提供平台，让学生能够在平台上分享所读所悟，以"名著代言人"为情境支架，激励学生大胆分享，激发更多学生热爱阅读，追随阅读名著的脚步，畅游名著花园。

（三）成果展示

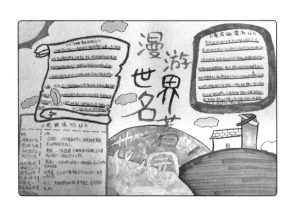

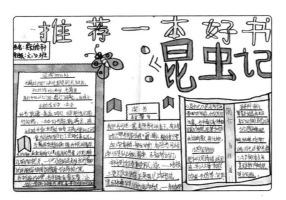

记录成长的美好

——"综合性学习：难忘的小学生活" 情境作业设计

韶关市曲江区实验小学　陈铃

一、设计理念

《义务教育课程标准（2022年版）》提道：语文课程是一门学习国家通用语言文字运用在综合性、实践性课程。且致力于全体学生核心素养的形成与发展。

"综合性学习：难忘的小学生活"是小学阶段最后一个综合性学习，也是对整个小学生活的回忆与展望，整个单元自成体系，以活动贯穿始终，以任务驱动的方式带动整个单元的学习。

这个单元的作业设计，应该围绕"提高学生的语文素养"这一总体目标，注重学科内外的联系、注重激发学生的创作潜能，培养学生搜集和处理信息的能力、获取新知识的能力、分析和解决问题的能力以及交流与合作的能力。能凸显趣味性和自主性，让学生在完成的过程中自主、实在、有兴趣，充分调动学生的积极性，培养学生主动探究、团结合作、勇于创新的精神，促进学生语文素养的整体推进和协调发展。

二、作业目标

（1）回顾小学六年个人和集体的成长经历，按时间轴分享难忘的回忆。

（2）通过收集、筛选、编排资料，制作成长纪念册，进一步学习整理资料的方法。

（3）通过学写毕业联欢会活动策划书，懂得策划书的一般格式，并组织实施一次班级毕业联欢活动。

（4）通过写信、写毕业赠言等形式，表达对师生、对母校的依依惜别之情。

三、作业内容

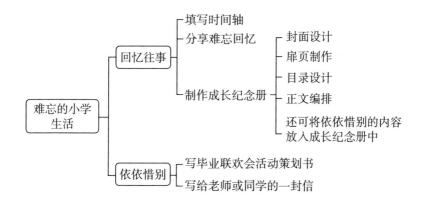

活动一：制作成长纪念册

不久以后，我们就要告别美丽的校园，告别朝夕相处的老师、同学，此刻，回忆的画面已经浮现在你的眼前了吧？今天就让我们把这些珍贵的回忆收藏起来，一起来制作一份成长纪念册，记录小学六年的美好时光。

1. 填写时间轴

六年里，哪些人、哪些事让你印象特别深刻？请你把印象深刻的人或事填写在相应时间点上，可像课本一样填写"时光树"，也可以自己另外制作。

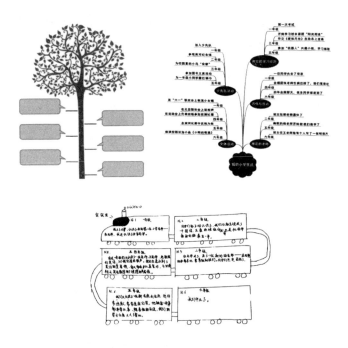

（将时间线索图设计为火车，寓意承载着记忆，奔向远方）

作者：刘锦杉　天津市南开区汾水道小学

2. 分享

请你摘取时间轴中的其中一个难忘瞬间，和同学、家人、老师分享。

3. 制作成长纪念册

第一步：收集、筛选成长资料

我的佳作：习作、书法、美术作品等。

我的骄傲：各种获奖证书、奖牌（复印件或照片）。

难忘瞬间：学校活动的照片、师生或同学之间的合影等。

精彩寄语：老师和同学的寄语、祝福。

第二步：分类整合，填写导图

方式一："编年体"方式，把小学六年的学习生活一年一年地展示出来。（可参考示例）

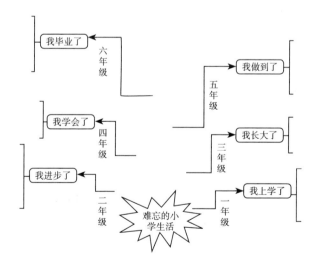

方式二："栏目式"方式，按照不同的栏目把内容分成几个部分。

（温馨提示：可以参考以上的，也可以按照自己的想法从其他的角度进行分类）

第三步：取个好名字，做个好封面

成长纪念册囊括了我们六年的回忆，请你给它起个专属名字，并设计好封面！

取名字的方式有很多，有对学习生活的感受，如：成长的列车；有对过去的回忆、对未来的憧憬，如：七彩的梦、一路走来、最美的天空、希望之光、梦想之城……

成长纪念册的专属名字

个性化封面设计参考示例：

第四步：制作扉页

扉页又称为"卷首语"或"成长感言"，也有多种方式：①自己写给自己的，回首六年时光，展望未来的感恩、希望之语；②家长写给自己的寄语；③老师写给自己的寄语；④抄一首自己认为能表达自己心境的诗……

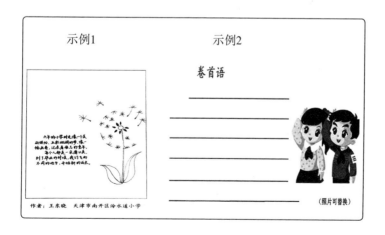

第五步：制作目录、编排正文

（1）目录。

为了更加方便查看成长纪念册，制作目录。可以用上面的编年体形式，也可以是栏目式形式，还可以是融合编年体与栏目式的目录。

示例：

目录		
我的档案		
校园印象		
成长记录	小小的我（一二年级）	
	渐渐长大（三四年级）	
	意气风发（五六年级）	
我的朋友		
毕业赠言		

（2）正文。

正文对应目录，每页一个小标题，制作的方式多种多样，以下示例仅供参考，同学们可自行设计。

①给图片配上文字说明（写清时间、地点、人物、事件等）

2023年4月7日，我获得了"学习之星"的奖状，陈老师说我们领奖都不开心，愣是把我们逗笑了！

② 将同一主题的照片编排在一起。

我的骄傲（美术、书法……获奖）

③ 没有图片资料的情况下，使用插画活跃版面，也可以"纯文字"版面。

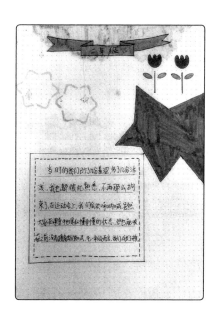

④ 成果展示。每个阶段分别展示不同的成果，学生间互相交流、沟通、分享，让毕业纪念册做得更加完美。

活动二：写毕业联欢会策划书

即将离开小学校园的我们，一定要好好欢聚一番，表达对校园的留恋，对师生的怀念之情，共同回味这六年的欢乐。

1. 策划毕业联欢会，写一份策划书

（1）明确策划书内容：活动名称、活动目的、活动时间、活动地点、活动分工、活动流程。（具体参考课本103页内容）

（2）小组合作，交流构想。8人一组，建言献策，共同完成一份策划书。

（3）全班交流策划书内容，共同整合成一份合理的毕业联欢会策划书。

（4）课外活动：筹备毕业联欢会节目及各项准备工作。

2. 表达真情，撰写书信

母校是我们温馨的大家庭，老师伴我们一路成长，同学给我们鼓励，今天的我们如一只只小雏鹰，羽翼逐渐丰满。在毕业之际，请你写一封信。

主题一：给你的启蒙老师或同学写一封信，表达相遇、感恩之情。

主题二：给母校写一封信，表达留念、感恩之情。

主题三：给自己写一封信，展望未来，放飞梦想。

四、作业设计意图

本单元作业设计紧扣单元目标，在真实的校园生活这一学习情境中，充分调动学生的积极性和主动性，让学生在互相的交流、分享、合作、探究中回顾小学六年生活。在填写"时间轴"这一活动中，考查了学生收集、整理、分类资料的能力，制作"成长纪念册"综合学生各方面的能力，将纪念册做出自己喜欢的样子，且在此过程中"运用学过的方法整理资料"这一语文要素"程序化"，利于学生操作、实践，使学生的整体思维、逻辑思维、创造性思维得到训练与发展。"毕业联欢会"的策划活动以小组的形式完成，学生在"合作、探究"的过程中了解策划书的写法，同时展现了学生的综合能力。

五、学生作品展示

1. 时间轴

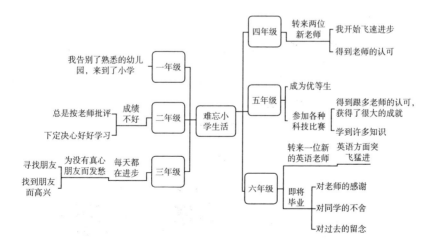

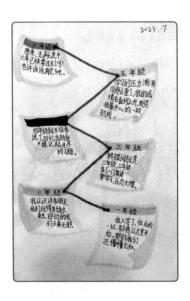

2. 封面设计

3. 扉页设计

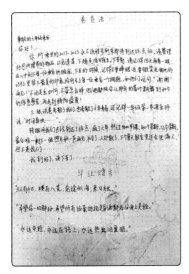
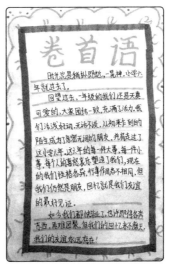
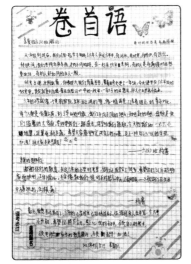

4. 目录设计

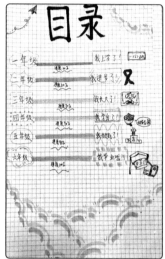

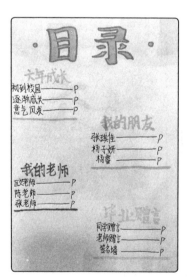

5. 正文内容

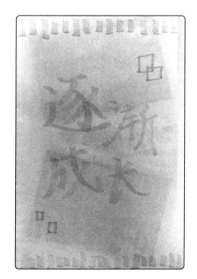

6. 毕业联欢会策划书作品展示

理想和信念

——六年级下册"综合性学习：奋斗的历程"情境作业设计

翁源县实验小学 王初桂

一、设计理念

《义务教育语文课程标准（2022年版）》关于作业评价有这样的建议：作业评价是过程性评价的重要组成部分，作业设计是作业评价的关键。教师要以促进学生核心素养发展为出发点和落脚点，精心设计作业，增强作业的可选择性，除写字、阅读、日记习作等作业外，还应紧密结合课堂所学，关注学生校内外个人生活和社会发展中的热点问题，设计主题考察、跨媒介创意表达等多种类型的作业，培养学生自主学习和综合学习的能力。随着学段升高，作业设计要在识记、理解和应用的基础上加强综合性、探究性和开放性内容，为学生发挥创造力提供空间。

本次情境化作业创设真实而富有意义的学习情境，凸显语文学习的实践性。在布置情境化作业的时候关注三点内容：一是源于学生生活中语言文字运用的真实需求，遵循学生核心素养整体提升和螺旋发展的一般规律；二是解决学生现实生活的真实问题，建立语文学习、社会生活和学生经验之间的关联；三是结合"双减"政策和"新课程标准"理念进行作业设计，激发学生探究问题、解决问题的兴趣和热情，引导学生在多样的日常生活场景和社会实践活动中学习语言文字运用。

二、教材分析

此次综合性活动安排了三个活动：活动一是开展阅读交流会；活动二是制作小诗集；活动三是写一写自己的心愿。本单元以"理想和信念"为主题编排内容，意在帮助学生树立远大理想，培养高尚的道德情操。综合性活动在学习了《古诗三首》《十六年前的回忆》《为人民服务》《董存瑞炸碉堡》四篇课文后进行开展，活动一是对单元语文要素"关注外貌、神态、言行的描写，体会人物品质"的进一步落实；活动二是对单元语文要素"查阅相关资料，加深对课文的理解"的延伸；活动三是单元语文要素"习作时选择适合的方式进行表达"的深化学习。

三、学情分析

小学六年级的学生，对综合性活动的学习已不陌生。学生在一至五年级的学习中对本单元的三个单元语文要素都有过接触，所以学生对把握本单元的语文要素难度是不大的。难度比较大的应该是活动开展过程中的合作、分享、表达的过程。

四、作业目标

根据《义务教育语文课程标准（2022年版）》和"双减"政策，教师创设学习情境，应利用无时不有、无处不在的语文学习资源与实践机会，引导学生关注家庭生活、校园生活、社会生活等相关经验，增强在各种场合学语文、用语文的意识，建设开放的语文学习空间。结合单元的人文主题和语文要素，作业设计目标如下：

（1）能综合运用学过的方法阅读"阅读材料"，完成"阅读交流卡"，和同学分享自己的阅读收获。

（2）能搜集、研读红色诗词，和同学合作制作一本诗集。

（3）能选择适合的材料和方式表达自己的心愿，能用修改符号自主修改习作。

五、活动要求

活动	要求
活动一：开展阅读分享会	分小组进行交流，说说自己是用什么方法阅读每篇文章的，有哪些让自己感动的人和事，也可以分享自己在阅读过程中有哪些收获，受到了怎样的启迪。
活动二：制作小诗集	和同学一起查找资料，搜集红色诗词，感受其中蕴含的深厚的革命情怀，在小组内研读搜集到的诗词，交流各自的感受和体会，最后全班共同制作一本诗集。
活动三：写一写自己的心愿	你的心愿是什么？仔细想一想，选择你最想和别人交流的心愿写下来。写之前想一想，选择什么材料能够更好地表达你的心愿，再根据想表达的内容，选择一种适合的方式来写。写好以后，认真读一读，用修改符号修改不满意的地方，使语言更加通顺流畅，意思更加清楚明白。

六、作业设计方案

翻开我国百年来风云激荡的历史篇章，中国共产党忠实践行初心使命，团结带领全国各族人民，在中国这片广袤的土地上，绘就了人类发展史上波澜壮阔的壮美画卷。让我们围绕"奋斗的历程"这个主题，开展一次综合性学习活动，继承光荣传统，创造美好未来。

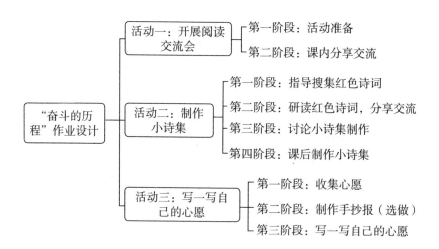

（一）开展阅读交流会

1. 教材内容

我们已经学习了很多阅读方法，如，抓住关键句，把握文章的主要观点；关注外貌、神态、言行等描写，体会人物的内心和品质；查找相关资料，加深对文章内容的理解；体会场景、细节描写中蕴含的感情。运用这些方法读读"阅读材料"，深入体会文章的思想感情。然后分小组进行交流，说说自己是用什么方法阅读每篇文章的，有哪些让自己感动的人和事，也可以分享自己在阅读过程中有哪些收获，受到了怎样的启迪

2. 作业内容

第一阶段：活动准备

创设情境：同学们，我们已经学习了很多阅读方法，请大家自读"阅读材料"里面的七篇文章，注意阅读方法的运用，完成阅读交流卡。

阅读交流卡

篇名：＿＿＿＿＿＿＿＿＿＿＿＿＿＿＿＿＿＿＿＿＿＿＿＿

阅读方法：＿＿＿＿＿＿＿＿＿＿＿＿＿＿＿＿＿＿＿＿＿

阅读收获：＿＿＿＿＿＿＿＿＿＿＿＿＿＿＿＿＿＿＿＿＿

＿＿＿＿＿＿＿＿＿＿＿＿＿＿＿＿＿＿＿＿＿＿＿＿＿＿

第二阶段：课内分享交流

大家齐分享：小组内分享自己的阅读收获，小组派代表在班里分享自己的阅读收获。

3. 设计意图

阅读方法有很多种，阅读目的不同，选择的阅读方法会不一样。同样的阅读任务，不同人的阅读方法也可能不一样。因此，在阅读的时候，指导不同层次的学生灵活、合理地运用掌握的阅读方法来完成阅读任务，提高阅读的效率。

4. 成果展示

（二）制作小诗集

1. 教材内容

"砍头不要紧，只要主义真。" "不到长城非好汉，屈指行程二万。"一首首红色诗词，记录了共产党人和中国人民坚韧不拔、宁折不弯的大无畏精神。和同学一起查找资料，搜集红色诗词，感受其中蕴含的深厚的革命情怀。全班可以分成不同的小组，分类搜集，如：有的搜集革命领袖，革命英雄写的诗词，有的搜集歌颂中国共产党、歌颂新中国的诗词，还有的搜集讴歌改革开放和新时代的诗词。在小组内研读搜集到的诗词，交流各自的感受和体会，最后全班共同制作一本诗集。

2. 作业内容

第一阶段：指导搜集红色诗词

和同学一起查找资料，收集红色诗诗词，感受其中蕴含的深厚的革命情怀。

（1）全班学生自己分成不同的7个小组。

（2）相互交流搜集资料的途径和方法，如从书籍中摘抄、从报刊中剪裁、请别人推荐、借助网络搜索。

第二阶段：研读红色诗词，分享交流

近两天大家搜集了不少红色诗词，同学们在搜集、阅读、摘录红色诗词的过程中，也一定感受到了中国共产党、中国人民坚韧不拔、宁折不弯的大无畏精神，这节课，我们来分享交流各自搜集的红色诗词。

（1）红色诗词我来讲。

（2）红色诗词我来诵。

第三阶段：讨论小诗集制作

上一节课，大家研读了搜集到的红色诗词，这堂课我们一起来讨论并试着制作诗集。

（1）讨论诗集名称、目录编排、插图装帧等。

（2）学生根据诗集组成部分，讨论明确各自分工。

第四阶段：课后制作小诗集

学生按照各自的分工，合作制作诗集。

3. 设计意图

让学生完成诗词摘抄，旨在让学生在认真抄录诗词的过程中进一步体悟诗词。抄录诗词的过程既有助于对诗词的再次揣摩，又能练习书写，体现综合性学习，促进语文能力整体推进。与此同时，也能为后面的诗词研读、分享交流做一定的书面准备。分享交流收集资料的心得，有助于学生总结资料收集的经验，提高他们信息检索处理的能力。选择不同的形式展示诗词研读的成果，有利于激发学生的学习兴趣。

4. 成果展示

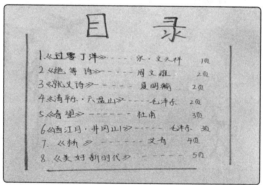

（三）写一写自己的心愿

1. 作业内容

第一阶段：收集心愿

一百年来，无数优秀的中华儿女为了中华民族的伟大复兴进行了艰苦卓绝、可歌可泣的斗争。他们共同的心愿就是实现人民对美好生活的向往。周末到家里周边的红色基地走走，了解一下家乡的红色故事。再在小组里说说你的心愿是什么，并写下来。

第二阶段：制作手抄报（选做）

当年，周恩来爷爷喊出"为中华崛起而读书"，你对"理想"的理解是怎样的？做一份手抄报，展示一下！

第三阶段：写一写自己的心愿

选择你最想和别人交流的心愿写下来，写好后认真读一读，用修改符号修改不满意的地方，使语言更加通顺流畅。

3. 设计意图

走走红色基地，了解红色故事，写下心愿，查找资料做手抄报，最后写写自己的心愿。一系列的活动，既能引导学生把学习的眼光投向家庭、社会，体现了语文课程实施的实践性，又能对这次习作进行纵向的深入探究，让学生树立正向的理想。

4. 成果展示

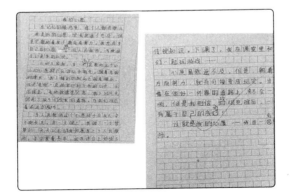